NET BOOKS

CW01668626

# ISTANBUL

2014

HALİÇ
BEYOĞLU
FATİH
HALİÇ BRIDGE
D 100 (E-5) KARAYOLU
TUNNEL
TEM
ATATÜRK BRIDGE
OLD GALATA BRIDGE
İSTANBUL UNIVERSITY
MİLLET C. (TURGUT ÖZAL)
KENNEDY C.
FERHANE
MİNYATÜRK

BOĞAZİÇİ
TOPKAPI PALACE
ÜSKÜDAR
FETHİ PAŞA GROVE
KARACA AHMET CEMETERY
BURHAN FELEK SPOR KOMPLEKSİ
TEPE NAUTILUS SHOPPING CENTER CARREFOUR
LEGEND
Museum
Police Station
Mosque
Pier
Church
Sea BusTerminal
Turkish Bath
Tourism Information
Post office
Fountain
Hospital
Library
School
Monument
Hotel
Sport Area
TOURISM POLICA TEL: +90212 527 45 03

# *Bienvenue a Istanbul*

Istanbul a une position stratégique depuis la plus haute antiquité et durant des siècles, elle a attiré la curiosité des voyageurs. Dans la ville, on trouve côte à côte l'art classique turc et l'art contemporain. Ses activités commerciales, industrielles et culturelles en font une métropole de réunions et congrès internationaux. Le climat est doux en hiver accompagné de quelques pluies et parfois de neige très brève. Le printemps est relativement court mais merveilleux avec ses nuances de vert et ses fleurs printanières.

Dès le moi de Mai, des milliers de touristes viennent des 4 coins du monde pour visiter les merveilles et les trésors de la ville. Les étés sont secs et chauds mais les plages sont nombreuses car aucune ville au monde ne possède autant de mers et autant de possibilités de baignades, sans compter les piscines des grands hôtels.

On peut se rendre rapidement en bateau ou en catamarans rapides sur les plages de l'archipel des îles des Princes, ou en voiture sur les plages de la mer de Marmara ou bien sur les longues plages sablonneuses aux eaux fraiches de la mer Noire ou du Bosphore.

Durant les longs mois de l'automne, le ciel d'azur et la température idéale invitent à faire de longs circuits touristiques. Tout au long de l'année, on peut trouver des fruits et légumes frais en abondance ainsi qu'une grande variété de poissons exquis pêchés dans les mers environnantes. La visite d'Istanbul laissera à chacun d'inoubliables souvenirs.

*Danses populaires.*

## *Visite de la Ville*

Istanbul est une mégapole connue, importante, située au cœur du monde d'autrefois, riche de monuments historiques magnifiques au sein des paysages naturels uniques au monde. C'est la seule ville construite sur deux continents à l'endroit même du détroit marin ''le Bosphore'' aux frontières de l'Asie et de l'Europe. Avec sa situation géopolitique historique facile à défendre, son climat idéal, une flore riche, des mers abondantes, des beautés uniques des rivages du Bosphore-Iles des Princes-Mer Noire-Marmara, elle est située au plus bel endroit du monde. De grands travaux ont été effectués à l'occasion de sa sélection de Capitale Culturelle d'Europe en 2010. La seule entrée-sortie de la Mer Noire, le Bosphore

*Distraction.*

*Une ruelle à Beyoğlu.*

*Marchand de fruits.*

ressemble à une rivière marine entourée de collines et des bois tout au long des côtes qui serpentent. La ville dispose des facilités de transport urbain avec le projet du 3ème Pont sur le Bosphore, le réseau ferroviaire Marmaray en construction et le tunnel sous le Bosphore, les espaces résidentiels s'étendent vers l'intérieur des terres sur les deux rives. Cette voie d'eau qui sépare les deux continents permet une circulation importante et constitue une artère majeure dans le transport urbain avec les bateaux et les quais maritimes. Tout au long des âges, au carrefour des passages terrestres et marins, dans une région où la mer et la terre se joignent avec harmonie, la ville est devenue un port important et un centre de commerce. Outre la Corne d'Or qui est un port profond, pendant la période romaine, d'autres ports se trouvaient près des remparts.

Les monuments les plus importants et les plus riches à visiter lors des croisières dans la Méditerranée et la Mer Noire sont à Istanbul dont le port se trouve au cœur de la ville. Les lieux importants de visites sont très proches du port. Les nouveaux vestiges archéologiques trouvés pendant la construction de la station centrale de Marmaray situent les premières habitations sur la presqu'île historique, aux années 6000 av JC. Les restes du port romain ainsi que 34 épaves de bateaux de 5-13 siècles ap.J.C. seront exposés sur place.

La ville historique est située sur les sept collines de la presqu'île entourée de trois côtés par la Mer de Marmara, l'entrée du Bosphore et la Corne d'Or. Ce lieu fut la capitale de 3 empires mondiaux, Romain, Byzantin et Turc, plus de 120 empereurs et sultans y ont régné pendant 1600 ans et construit des œuvres monumentales. Istanbul est la seule ville au monde qui dispose de cette particularité. Sur la rive opposée de la Corne d'Or de la presqu'île se trouve la région de Galata, en face de l'entrée du Bosphore sont situés les quartiers d'Üsküdar et de Kadıköy. Le long du Bosphore se trouvent les habitations du nord de la ville et les quartiers modernes se développent rapidement vers l'inté-

←
*Détail extérieur de la Nouvelle Mosquée.*

*La Mosquée de Soliman le Magnifique et la Corne d'Or.*

*Le Musée de Sainte Sophie.*

*La Mosquée Bleue .*

rieur des terres. Istanbul; avec plus de 12 millions d'habitants est la plus grande ville de la Turquie et par conséquent le centre des activités commerciales d'import et d'export, de l'industrie, de loisirs et de l'éducation. Elle bénéficie d'un climat doux avec quatre saisons agréables. Grâce aux mers environnantes, Istanbul est unique en diversité de possibilités de natation. Le deuxième aéroport, l'aéroport de Sabiha Gökçen, est construit sur la rive asiatique et est agrandi au bout de trois ans en soutien de l'aéroport d'Atatürk, la plaque tournante du trafic aérien entre l'Extrême Orient et le monde Occidental. De nombreux hôtels sont construits aux environs.

Istanbul qui est une ville à visiter impérativement offre d'inoubliables souvenirs avec ses hôtels de toutes classes, les saveurs turques et méditerranéennes réputées, nombreux musées, monuments impériaux, beautés naturelles, lieux de loisirs et occasions d'achats.

*Maslak, centre financier d'Istanbul.*

Nulle part au monde, vous ne verrez de si près les beautés de la nature, les chefs d'œuvre créés par l'homme, les traces humaines, le témoignage du passé. Dans la ville, des excursions d'une journée sont organisées pour visiter les lieux historiques importants, les musées, le Grand Bazar et les alentours proches. Les tours qui partent des hôtels ou du port - programmés pour une demie-journée-, permettent la visite de Ste- →

*La Tour de Galata et la presqu'île historique.*

*L'Eglise Hagia Triada à Taksim.*

*Le Port de Karaköy.*

*L'avenue d'Istiklal est animée à toute heure.*

Sophie considérée comme la 8ème merveille du monde, la mosquée Sultanahmet (Mosquée Bleue), la mosquée Süleymaniye (Soliman le Magnifique), l'hippodrome et le Palais de Topkapı. A côté de ce circuit classique, il existe d'autres possibilités qui permettent de voir un grand nombre d'œuvres byzantines et ottomanes sur les 2 côtes du Bosphore: les remparts de la ville, le célèbre musée de Kariye où l'on peut voir de précieuses mosaïques et fresques byzantines, la tour de Galata d'où on a le plus beau panorama d'Istanbul, le palais de Dolmabahçe le plus somptueux palais du monde, le musée archéologique un des plus riches du monde, le marché égyptien et bien d'autres encore. Pour les voir, cela demande un séjour de quelques jours au moins.

A partir du sommet de la colline de "Çamlıca" (côte asiatique), on peut admirer un magnifique panorama (à vol d'oiseau) sur la ville et les ponts qui enjambent le Bosphore.

*Le Palais de Topkapı.*

## *La Ville*

La cité historique d'Istanbul est fondée sur 7 collines d'une presqu'ile. C'est le point terminus avec l'Europe des voies ferrées, le point de rencontre des routes terrestres et maritimes avec un port très sûr de 8 km de long, entouré de terres fertiles. La mer abonde de poissons et la terre de gibier. Considérée comme le centre du Vieux Monde, la ville s'est développée en tant que centre commercial comme les autres villes méditerranéennes. A partir du IVème s. av.j.c, elle est devenue la capitale de plusieurs empires: Romain, Byzantin et Ottoman durant près de 1600 ans. C'est la seule ville au monde qui possède une telle originalité. Tout au long de son histoire, les remparts furent restaurés et reconstruits toujours vers l'O. et la ville fut 4 fois élargie. Les murailles romaines que l'on peut voir encore aujourd'hui, datent

*La presqu'île historique à partir de la Tour de Galata.*

←
*La Tour de Léandre à Üsküdar, au coucher du soleil.*

*Le Pont de Mehmet le Conquérant.*

*Le Pont de Mehmet le Conquérant et un yali .*

du Vème s. Sous le règne des Ottomans, les mosquées impériales construites sur les collines forment les “couronnes” de la ville.

En face de la Corne d'Or, le quartier de Galata s'est développé sous forme d'une colonie commerciale italienne, tandis que les quartiers de la rive asiatique et du Bosphore ont connu leur développement urbain sous les Ottomans. A côté de la richesse, de la magnificence, vit aussi la pauvreté, contradiction qui a tenu, à toute époque, une grande part dans le destin de la ville. Istanbul ornée d'œuvres romaines en nombre limité contrairement aux nombreuses œuvres byzantines et ottomanes, compte 12 millions d'habitants, c'est l'une des villes les plus peuplées de l'Europe. Les installations industrielles ont pollué les eaux de la Corne d'Or et pour la sauvegarder, des travaux d'épuration commencés en 1980 se poursuivent actuellement. Le quartier pittoresque de la ville franque (Galata) aux ruelles étroites et immeubles typiques est en partie préservé. Depuis quelques années, le quartier de Péra (Beyoğlu) a été rénové où des grands hôtels, des magasins, des centres commerciaux ont été construits autour des grandes ambassades de l'époque ottomane, cependant, l'aspect du style d'architecture européenne du dernier siècle a été sauvegardé dans son caractère “nostalgique”. Le Bosphore, facteur important du développement historique d'Istanbul, est environné de collines modernes à côté de merveilleux palais, d'anciennes maisons typiquement turques “yalı”, de forteresses et mosquées, ainsi que de résidences d'été de diverses ambassades. Considérés comme les colliers du Bosphore, le pont “Boğaziçi” et celui de “Fatih Sultan Mehmet” dressent leurs silhouettes harmonieuses qui unissent les 2 continents et qui permirent de réduire sensiblement la distance entre les 2 rives.

Un grand nombre de restaurants, sur les côtes, servent des hors-d’œuvre turcs (meze) et d'excellents poissons frais. Un tiers de la population d'Istanbul vit sur

*Le Pont du Bosphore.*

*La Mosquée d’Ortaköy,*

*La gare ferroviaire de Haydarpaşa.*

la rive asiatique du Bosphore. Üsküdar, ancien faubourg de la ville historique, forme un quartier constitué de la caserne de Selim Ième (Ancien hôpital de Florence Nightingale au cours de la Guerre de Crimée) et les 2 collines de Çamlıca. Sur la colline d'Üsküdar, on peut voir le plus grand cimetière du monde islamique, "Karaca Ahmet". La gare historique de Haydarpaşa se situe sur les rives de Kadıköy.

Une grande partie du système de métro qui facilitera la circulation dans la ville est accomplie et les travaux se poursuivent encore. Certaines artères principales de la rive européenne passent par des tunnels.

Les côtes de la mer de Marmara se sont épanouies dans l'esprit de l'urbanisme moderne. Les Iles des Princes, à 20 km d'Istanbul, sont ornées d'innombrables villas et résidences estivales, entourées de beaux parcs. Situées à une heure de bateau du centre de la ville, ces îles ont une particularité curieuse: les automobiles y sont interdites.

Les seul moyen de transport utilisé est le "payton" (fiacre - voiture à cheval). La mer de Marmara est renommée pour être la plus petite mer du monde.

## Histoire

La ville d'Istanbul est comparable à Rome par son histoire, mais elle est unique au monde en ce qui concerne l'archéologie. Elle recèle en effet les vestiges de plusieurs civilisations dont 3 au moins: les civilisations romaine, byzantine et ottomane, qui l'ont profondément marquée. Le Bosphore a été, dès la plus haute antiquité, un lieu de passage fréquenté; on sait que dès le IIème millénaire av.j.c. de nombreux peuples traversèrent les détroits, quittant l'Europe Orientale pour s'installer en Asie Mineure.

La fondation de la ville même de Byzance est entourée d'un tel nombre de légendes qu'il est difficile d'y retrouver la vérité. Selon les résultats de recherches archéologiques sérieuses, il apparaît que la plus vrais-semblable est la suivante: Byzas, chef d'un groupe de marins venus de Mégare, fonda en 658-657 av.j.c. la cité qui devait porter son nom "Byzantion" (Byzance). Avant de s'embarquer, il consulta l'oracle de Delphes pour savoir où il devait fonder sa future colonie. "En face des aveugles", lui répondit l'oracle. Byzas se mit en route et conduisit ses navires à l'entrée du Bosphore. Là, il découvrit sur la rive européenne, le port naturel qu'offrait la Corne d'Or (Haliç) et comprit la réponse sans signification apparente de l'oracle. Les "aveugles" étaient évidemment ceux qui en avaient méconnu les avantages et qui s'étaient installés sur la rive asiatique y fondant Chalcédoine (Kadıköy). Interprétant l'oracle,

*La gravure de la Corne d'Or du XIXème siècle (Miss Pardoe).*

IC
ΗΧΩΡΑ
XC

Byzas construisit sa cité sur le promontoire (occupé aujourd'hui par le palais de Topkapı) qui reçut le nom de Byzantion que nous appelons Istanbul aujourd'hui. Au-delà de cette installation légendaire, les fouilles archéologiques ont mis à jour des villages préhistoriques au fond de la Corne d'Or et sur les rives asiatiques de la ville, datant du VI-VII^ème^ millénaire av.j.c. Récemment un site datant de 6.000 av.j.c. a été découvert lors des excavations de la station centrale de métro en plein ville.

Cette cité se développa rapidement grâce à sa situation admirable au débouché de la Thrace, à son port naturel sur la Corne d'Or bien protégé des tempêtes du Nord et du Sud. Byzance, véritable tête de pont entre les 2 continents, devint bientôt un important centre commercial.

## *Période Romaine*

Il était fatal qu'elle fut aussi l'objet de convoitises de la part des souverains étrangers: les Perses, Sparte, Athènes, Philippe de Macédoine et Gaulois. La cité résista mais s'affaiblit. Lorsque l'Empire de Rome gagna l'Orient, Byzance n'était plus en mesure de faire respecter son indépendance et elle se rangea à la cause des Romains.

En 191 av.j.c. dans la compétition ouverte pour l'Empire, Byzance soutint la cause de Pescennius Niger contre Septime Sévère. Choix malheureux, car Sévère vainqueur, s'empara de Byzance après un siège de plus de 2 ans (193-196) détruisit les remparts, fit mettre à mort les magistrats et soldats. Le droit de cité lui fut enlevé et Byzance devint une dépendance de Périnthos (Héraclée de Marmara).

Peu après, Septime Sévère décida de reconstruire la ville qu'il avait ravagée en l'ornant d'un hippodrome, de portiques, de palais et de bains. Les murailles furent élargies et reconstruites. En 324, Constantin, nouveau maître de Byzance, se rendit vite compte de son importance stratégique et commerciale et décida d'en faire la capitale de l'Empire Romain et lui donna le nom de "Nouvelle Rome" (Nea Roma) auquel la postérité préférera celui de "Constantinopolis" (Constantinople). Il voulut enfermer dans la nouvelle enceinte de sa capitale sept collines, comme à Rome; prétendant suivre une inspiration divine, dont il traça à terre avec la pointe de son épée, les limites de sa future capitale, beaucoup plus vaste que l'ancienne Byzance, qui dessinait un triangle compris entre la mer de Marmara et la Corne d'Or. A l'intérieur, il édifia un palais impérial, un forum, la première basilique de Ste Sophie. La nouvelle capitale fut solennellement inaugurée en 330. Les premières églises chrétiennes furent construites sous le règne de Théodose le Grand (378-395). La mort de cet empereur marqua le début du Bas-Empire, annonçant l'effondrement de Rome qui se scinda en 2 parties: l'Empire de Rome d'Occident et l'Empire de Rome d'Orient. Rome tomba aux mains des Barbares et Constantinople demeura alors la seule capitale de l'Empire Romain qui était devenu "byzantin", soit grec, la population imposant son héritage hellénique aux dirigeants romains, bien que l'usage du latin soit obligatoire.

*Mosaïque, Marie et l'Enfant Jésus.*

## *Période de Byzance*

L'Empire Byzantin était en quelque sorte constitué; Constantinople fut alors le centre du monde civilisé. L'Histoire de cet Empire fut une longue suite de crimes et d'intrigues, de fléaux, de guerres civiles et d'insurrections populaires, de dépravations des mœurs et d'incendies (Ste-Sophie et le Sénat) mais malgré toutes ces vicissitudes, la civilisation byzantine conserva sa grandeur. Celle-ci devait atteindre son plein essor avec le règne de Justinien (527-565) qui fit de Constantinople une véritable capitale en construisant de nombreux édifices civils et religieux (dont l'actuelle Ste-Sophie). Il écrasa la sédition des

←
*Le Musée de Kariye.*

*L'Hippodrome.*

Victoriats (Nika), établit un ordre autoritaire, donna à l'Empire ses lois administratives, assura la paix par des victoires sur les Bulgares, les Perses et les Goths. Le siècle de Justinien fut l'Age d'Or de Constantinople, l'apogée de la civilisation byzantine qui fut l'inspiratrice du Moyen-âge et de la Renaissance. Après sa mort, la splendeur de la ville s'éteignit avec la puissance de l'empire car les nouveaux empereurs se préoccupaient plus à renforcer les fortifications et combattre les vagues des invasions barbares et arabes, que d'embellir la ville.

Ils engagèrent contre le clergé, dont ils craignaient le pouvoir sur les foules, une lutte d'influence qui fut célèbre dans l'Histoire: la "Querelle des Images" qui dura plus de 30 ans. Les empereurs iconoclastes condamnèrent le culte des images saintes, ordre qui fut confirmé au cours du Concile Œcuménique de Constantinople en 754.

Constantinople reprit son éclat, et son influence culturelle et artistique se répandit à travers le monde occidental. La dynastie macédonienne fondée par Basile Ier (867-886) tint le pouvoir jusqu'en 1067. La capitale fut embellie, on y construisit des palais, des églises, des couvents et des monuments. L'art byzantin rayonna profondément sur l'Occident et la prospérité de la capitale atteignit un nouveau sommet: ce fut le second Age d'Or de Constantinople. Au XIème s. deux événements vinrent ébranler la grandeur de Byzance: le schisme religieux (1054) entre les latins et les grecs et l'apparition des Turcs Seldjoukides dans l'E. de l'Anatolie (1071).

La fin du XIème s. marqua le début des Croisades et l'intervention directe des Occidentaux dans

*Le dernier jugement, Musée de Kariye.*

les affaires d'Orient. A plusieurs reprises, les Croisés tentèrent de s'emparer de Constantinople et c'est au cours de la Quatrième Croisade que les barons renversèrent le basileus et s'emparèrent de la ville (1204) qu'ils mirent au pillage. Ce fut un massacre général au cours duquel la ville fut incendiée et mise à sac. Baudoin de Flandre fut couronné empereur de l'Empire Latin d'Orient qui dura plus d'un demi-siècle. Réduit à la seule ville de Constantinople, cet empire tomba en 1261.

Non seulement elle avait perdu la plus grande partie de ses trésors, mais aussi presque toute son importance politique. Les Vénitiens et les Génois qui avaient acquis une place importante et de nombreuses concessions commerciales dès 991, se livrèrent à des luttes sanglantes à la fin du XIIIème s. Les Génois maintenaient une place forte à Galata, cité absolument indépendante qui put résister aux attaques des Vénitiens et même à celles des Grecs. Ces derniers avaient repris une par une les villes et les provinces de l'Empire Latin d'Orient, mais ceci pour un court moment car déjà les Turcs Ottomans conquirent peu à peu les domaines grecs en Asie Mineure.

## *Période Ottomane*

L'apparition des Turcs, originaires de l'Asie Centrale, dans le Moyen-Orient, remonte au début du XIème s. Ils s'emparèrent de l'autorité des califes abbassides de Bagdad dont ils se partagèrent l'empire. Un sultan de Konya, en récompense de l'aide reçue dans les luttes contre les Grecs et les Tartares, donna au chef turc Ertuğrul, le fief d'Eskişehir qui fut le berceau de la puissance ottomane, dont son fils Osman y

*Mehmet le Conquérant.*

*Miniatures ottomanes.*

fonda la première place en 1299. Bursa, en 1325, fut la première capitale de cet empire qui étendit ses conquêtes à Nicée (1353) et Edirne/Andrinople (1366). Dès 1452, le sultan Mehmet le Conquérant prit pied sur la rive européenne du Bosphore, construit la forteresse de Rumelihisar en 4 mois, entreprit le siège de la ville qui dura 54 jours pour tomber le 29 Mai 1453.

Dans les jours qui suivirent la prise de Constantinople qui fut appelée "Istanbul" par son conquérant, le sultan accorda da protection aux chrétiens, nomma un nouveau patriarche, reconnut aux Génois leurs privilèges à Galata. Pour repeupler la ville dont la population

*Armoiries de l'Etat Ottoman.*

grecque avait été déplacée, des colons furent amenés de différentes régions de l'Anatolie. Les églises furent transformées en mosquées (Ste-Sophie et bien d'autres). Cette politique de repeuplement fut poursuivie par ses successeurs, cependant, elle ne fut pas limitée à l'implantation d'éléments turcs, elle fut recrutée également par l'établissement de nombreuses populations -qui formèrent le noyau cosmopolite de cette capitale- venues des provinces gagnées par les conquêtes en Europe: Bulgares, Serbes, Albanais, Valaques, etc. Le quartier israélite de Balat fut épargné lors de la conquête de la ville, et les sultans permirent également l'établissement de populations minoritaires chrétiennes. La nouvelle capitale ottomane, Istanbul, connue des années de calme que troublèrent quelques violents incendies et séismes. La ville se couvrit de nombreux bâtiments, de palais, de mosquées dont les dômes et les minarets forment la silhouette actuelle d'Istanbul. Dès le XVIIIème s. le style ottoman est remplacé par celui de l'architecture européenne baroque et rococo.

## *La République de Turquie*

A la fin du XIXème s. des communautés poussées et encouragées par les puissances étrangères se soulevèrent et ces agitations ébranlèrent l'empire entraînant l'effondrement de l'Empire Ottoman. Des mouvements politiques intérieurs fomentés contre le Sultanat amenèrent diverses

*Mustafa Kemal Atatürk, le fondateur de la République de Turquie.*

*La première Grande  Assemblée de Turquie, Ankara.*

tentatives de réformes (Tanzimat) et une Constitution. Le Mouvement des Jeunes Turcs accéléra le mouvement de réformes mais sans parvenir à consolider l'armature politique et administrative. La défaite de la Première Guerre Mondiale provoqua le démembrement et le déclin de l'Empire Ottoman. Les Alliés occupèrent Istanbul de 1918 à 1923.

Le Mouvement National lancé par Mustafa Kemal Atatürk, permit aux Turcs de préserver l'intégrité de la Turquie et de fonder en 1923 une démocratie jeune, prospère et dynamique grâce à la victoire des Nationalistes sur les Grecs et sur le Sultanat qui fut aboli en 1922. Le gouvernement d'Atatürk consolida sa victoire par le Traité de Lausanne (1923) qui donna à la Turquie son statut définitif dans ses frontières nationales. La République de Turquie fut officiellement proclamée le 29 Octobre 1923 et la capitale fut transférée à Ankara. Le califat fut aboli en 1924.

La République définit ses principes de démocratie, de laïcité et d'équité sociale. Elle adopta l'emploi de l'alphabet latin (1928), interdit le port du "fez" et du "voile" et elle institua des nouveaux codes civil, commercial et criminel. Son premier président fut Mustafa Kemal Atatürk.

Istanbul, ville de synthèse, historique et artistique, est le lieu de confrontation de l'Orient et de l'Occident, le point de contact de deux mondes.

*Gravure, Hippodrome.*

# *L'Hippodrome de la Ville (Place de Sultanahmet)*

"L'hippodrome" signifie la place des chevaux, des cavaliers. L'hippodrome fut construit par l'empereur romain Septime Sévère vers la fin du second siècle; plus tard il fut agrandi dans des proportions gigantesques par Constantin le Grand.

Certains historiens prétendent que l'hippodrome pouvait contenir 30.000 spectateurs, d'autres disent 60.000. Les manifestations principales étaient les courses de chars à deux où quatre chevaux. A l'époque de l'Empire Romain et ensuite à l'époque de l'Empire Byzantin, l'hippodrome garda son importance de champ de courses, de lieu de réunions, et de réjouissances, de centre sportif jusqu'au XIème siècle. Avec le siège des Latins en 1204, comme beaucoup de monuments de la cité, l'hippodrome perdit de son importance. Il y avait eu en, plus des courses de chars, des représentations de groupes de musiciens, de danseurs, d'acrobates, des spectacles de lutte d'animaux, des réunions...

Pour toutes ces activités, à l'époque romaine, il y avait beaucoup de jours "fériés". L'hippodrome de dimensions colossales avait la forme d'un rectangle dont le petit côté N. était remplacé par un hémicycle, la partie allongée se situant à l'Est.

Il y avait quatre chevaux de bronze sur le toit où se trouvait la loge impériale. Sur l'axe de l'hippodrome, la piste recouverte de sable était partagée en deux par un mur bas sur lequel étaient disposées des statues de chevaux, et de cavaliers célèbres qui vivaient dans une opulence inimaginable. Les concurrents, groupes des "verts", des "bleus", des "jaunes" et des "rouges" avaient un pouvoir politique.

De temps à autre, la politique se mêlait aux courses, les combats des forces adverses pouvaient se transformer en massacres effrayants. De nos jours, sur l'hippodrome installé sur une colline, il ne reste plus que trois monuments. Comme à l'époque des turcs ottomans, sur ce champ de courses, des spectacles magnifiques, et des festivités sont parfois organisés.

A l'Ouest de l'hippodrome, face à la mosquée Sultanahmet, se trouve le palais d'Ibrahim Pacha, le seul exemplaire des somptueux palais particuliers typiques qui nous soit pavenu. Cette belle construction est ouverte au public comme musée des Arts Turcs et Islamiques.

←

*La vue générale de l'Hippodrome .*

*L'obélisque égyptien.*

*La Colonne Murée.*

## L'Obélisque de Théodose Ier

A l'origine, dans les années 1490 av.j.c, le pharaon Egyptien Thoutmosis III (1504-1450) av.j.c.) avait fait dresser cet obélisque devant le temple de Karnak, en l'honneur des victoires de ses armées.

C'est un monolithe en porphyre de Syène d'une qualité rare, pesant plusieurs tonnes. L'empereur Théodose Ier, cherchant un évènement qui pourrait impressionner et faire naître l'admiration du peuple, décida de transporter cet obélisque et de le dresser sur la place de l'hippodrome, en 390. Ce chef-d'œuvre magnifique, le plus ancien de la ville, se repose sur un socle orné de reliefs représentant l'empereur et ses enfants qui, de la loge impériale, assistent aux courses entourés de musiciens et de danseuses. La hauteur totale, avec le socle, mesure 25m 60.

## La Colonne Murée

Au S. de l'hippodrome, se dresse une imitation d'obélisque faite en pierres grossières dont on ne connaît pas exactement la date de construction. Au Xème s. l'empereur Constantin Porphyrogénète fit réparer ce monument auquel on lui donna son nom. Les plaques de bronze doré ornées d'inscriptions dont on le couvrit à l'époque, furent pillées par les Croisés, lors de la IVème Croisade.

## La Colonne Serpentine

C'est l'un des plus anciens monuments d'Istanbul. Les 3 têtes de serpent entremêlées les unes aux autres prennent la forme d'une torsade qui repose sur un trépied que supporte un chaudron en or.

Cette colonne fut dressée devant le temple d'Apollon à Delphes, en souvenir de la victoire de Platée (479 av.j.c.) remportée par les Grecs sur les troupes du roi de Perse, Xerxès. Le corps a été formé par la fonte du butin de

*La Colonne Serpentine.*

guerre en bronze, récupéré des ennemis. Cette colonne de 8 m de haut fut dressée en 324 par l'empereur Constantin le Grand, au centre de l'hippodrome. Vers 1700, les têtes de serpent disparurent au cours d'une mutilation du monument, seule une tête fut retrouvée et exposée au Musée Archéologique d'Istanbul.

## La Fontaine Allemande

A l'entrée de l'hippodrome, la fontaine à coupole octogonale est un cadeau de l'empereur Allemand Guillaume II offert au Sultan Abdülhamit II (1898). Réalisée en Allemagne, elle est de style néo-byzantin surmontée d'une coupole ornée de mosaïques dorées. C'est un beau chef-d'œuvre mais il n'est pas en harmonie avec les autres monuments de cette place.

→ *La Fontaine Allemande.*

*Le Musée des Arts Turcs et Islamiques.*

# *Musée des Arts Turcs et Islamiques*

Ce musée est installé depuis 1983 dans le palais d'Ibrahim Pacha, qui fut construit au XVIème siècle sur le côté O. de l'Hippodrome ou l'actuelle Place de Sultanahmet. C'est le seul palais, en dehors de ceux des sultans, qui soit conservé jusqu'à nos jours. Il est bâti sur une terrasse reposant sur des arcades et est constitué de bâtiments entourant, sur trois côtés, une grande cour. Une fois franchie l'entrée du musée, on entre dans la cour et l'on pénètre dans le premier bâtiment sur la droite, constitué d'une enfilade de salles donnant sur un couloir. Dans

*Coffre de couture.*

*Enveloppe de Coran Sacré.*

*Panneau mural en céramique.*

ces pièces et dans les couloirs sont installées des vitrines qui renferment des œuvres rares d'une grande valeur artistique, provenant de différents pays de l'Islam: des objets en pierre, en terre cuite, en métal, en céramique et en verre, des manuscrits, tous représentatifs des diverses périodes de cet art. Sur l'autre côté de la cour, un grand bâtiment percé de fenêtres sert de salle d'exposition des tapis. On peut y admirer les plus beaux spécimens de tapis turcs noués à la main, si renommés (du XIIIème au XXème s.). Cette remarquable collection de tapis est la plus riche du monde, car elle comprend des tapis de l'époque seldjoukide du XIIIème s. pièces très rares, conservées avec un soin extrême.

## *Mille et une Colonnes*

C'est une citerne romaine de la période de Constantin le Grand. 221 des 224 colonnes de 15 m de hauteur chacune sont arrivées jusqu'à nos jours. Les colonnes sont couvertes d'arcs et de voutes en briques. On sait qu'elle était utilisée comme atelier de torsion de fil durant les siècles derniers. Ce lieu mystérieux et intéressant sert actuellement de café qu'on peut visiter et de salle de réunions privées. Les alentours de la Place

*La Citerne Binbirdirek.*

de Sultan Ahmet et de la Sainte Sophie ont subi de grands changements ces dix dernières années. Les restaurants successifs dans les rues latérales, les hôtels de toutes catégories et des boutiques sont en service toute l'année. La Mosquée de Küçük Ayasofya (VIème siècle, période de Justinien, ancienne église St. Sergios- Bakhos), située sur la côte de la Mer de Marmara de ce quartier, a été restaurée en dégageant ses environs. La Mosquée de Sokullu du XVI$^{ème}$ siècle à proximité est ornée de faïences murales uniques à côté de sa petite structure. Les fameux restaurants de Kumkapı face à face tout au long de la rue que l'on peut atteindre par la route de bord de mer, continuent de servir sans arrêt leurs clientèles.

Trois panneaux de mosaique exposés au musée des Mosaiques.

## *La Mosquée Sultanahmet (La Mosquée Bleue)*

La mosquée Sultanahmet, l'un des monuments les plus connus du monde turc et islamique, est visitée avec une grande admiration par tous les touristes se rendant à Istanbul, modèle de l'art classique turc, à l'origine cette mosquée impériale fut la seule à comporter six minarets.

Cette mosquée est entourée de certains autres chefs-d'œuvre importants, bâtis bien avant la ville

←
*En haut : La Mosquée de la Petite Sainte Sophie.*
*Au centre : La Mosquée de Sokullu*
*En bas : Kumkapı, restaurants de poissons.*

*Vue du détail intérieur de la Mosquée Bleue.*

d'Istanbul. De la mer, on a la plus belle vue de la ville où se détache le profil de la mosquée. La mosquée fut dénommée "Mosquée Bleue" à cause de la couleur de ses faïences émaillées dont l'architecte Mehmet Ağa, en même temps bijoutier, décora minutieusement l'intérieur. Cette mosquée construite de 1609 à 1616 se trouvait à l'intérieur d'un grand complexe architectural. Certaines de ces constructions avaient une fonction sociale qui n'existe plus aujourd'hui. C'étaient des bâtiments bien distincts: le bazar, les bains turcs, l'hôpital, les cuisines, les écoles, le caravansérail, le "mausolée" du Sultan Ahmet Ier.

L'architecte de la mosquée était le disciple du plus grand architecte de l'art classique turc, Sinan. Lors de la construction de la mosquée, il avait appliqué, en plus grand, le plan déjà mis au point par son maître. L'entrée principale de la mosquée datant de l'époque romaine se trouve du côté de l'hippodrome.

La cour extérieure et la cour intérieure ainsi que la place principale se trouvent sur un podium élevé. On découvre de la porte qui donne accès à la cour intérieure, la fontaine aux ablutions. On aperçoit des dômes qui s'élèvent les uns au-dessus des autres. Lorsqu'on pénètre à l'intérieur par une des trois portes, on se trouve en face de décorations colorées et riches, de vitraux qui embellissent l'aspect extérieur. L'aspect intérieur lui, forme un tout. La coupole centrale et les coupoles latérales s'élèvent sur quatre piliers imposants qui reposent sur des arcs en ogive.

Les murs des galeries du premier étage qui entourent sur trois côtés l'intérieur de la mosquée, sont ornés de très belles faïences

*Motifs turques de céramiques.*

émaillées d'Iznik composées de plus de 20.000 carreaux. Le haut de ces murs et l'intérieur de toutes les coupoles sont ornés de fresques.

Vers 1980 on commença des travaux pour sauver les ornements intérieurs du bleu dominant sans originalité. La mosquée toute entière est recouverte de tapis offerts en dons. Face à l'entrée principale "le minber" (chaire d'où sont prononcés les sermons) magnifiquement sculpté en marbre blanc, prend place à côté du "mihrab" (niche de prière qui indique la direction de la Mecque). D'autre part, on peut voir en forme de galeries, les différentes séparations de la loge des sultans. En dehors de la mosquée les bâtiments ont été transformés en un musée du tapis. L'ancien bazar, derrière la mosquée, est également un musée des mosaïques. L'intérieur de la mosquée est éclairé par 260 fenêtres, recouvert d'une coupole de 23 m50 de diamètre et de 43 m de hauteur à la clef de voûte.

C'est dans la galerie sur piliers, contigüe à la colonne N. de la mosquée que les prieurs de poèmes religieux célèbrent la naissance de Mahomet. Au-dessus des marronniers et des platanes, les dômes et les minarets forment une silhouette élégante. Ces dômes alignés de haut en bas donnent à la mosquée un aspect pyramidal. Les murs du dessus et des balustrades ou prient les femmes, sont ornés de fresques, et de célèbres faïences d'Iznik qui furent fabriquées tout particulièrement pour la mosquée, au XVII$^{ème}$ siècle qui, d'autre part, furent les derniers chefs-d'œuvre de ces ateliers. On accède aux balcons des minarets par des escaliers de pierre en spirale. Dans la journée, il y a cinq appels annonçant l'heure de la prière. De nos jours le "hodja" utilise le mégaphone ou le microphone pour ces appels. Des rives asiatiques à l'embouchure du détroit du Bosphore, la silhouette d'Istanbul apparaît comme une cité féérique, les couchers de soleil devant les monuments uniques au monde sont merveilleux. En hiver à Istanbul les chutes de neige sont passagères. Les nombreux dômes sous la neige donnent un aspect nouveau à ces monuments. La religion de l'Islam impose à tout musulman cinq prières par jour, les croyants à l'appel du haut des minarets, après l'ablution, font la prière. La prière du Midi, le Vendredi et les prières de certains grands jours religieux se font collectivement dans la mosquée. En-dehors de cela, les croyants peuvent faire leur prière n'importe où, aux heures propices. Dans les mosquées les prières collectives sont dirigées par les "hodjas" qui font la lecture des versets du Coran. Lors des prières, les hommes et les femmes s'asseyent à des endroits différents: les hommes au centre, les femmes derrière eux ou bien dans les galeries au premier étage.

*Le Musée de Tapis et Kilims.*

La particularité architecturale des mosquées turques fait que, même lorsque la mosquée est pleine, les fidèles peuvent voir sans difficulté le "Mihrab".

## *Musée des Tapis et des Kilims*

Dans ce musée est exposée une partie seulement de l'importante collection de tapis et kilims appartenant à la Direction des Fondations Pieuses de Turquie (Vakıf). Ce musée est installé dans un pavillon attenant à la mosquée Sultanahmet, qui servait autrefois de salle de repos au sultan. Une rampe d'accès mène à l'intérieur de cet édifice où est exposé un

choix de beaux tapis turcs des XIII$^{ème}$ aux XX$^{ème}$ siècle.

Quant aux kilims, ils se trouvent dans la partie inférieure du bâtiment, formée de travées voûtées. On y accède par le jardin qui se trouve derrière la mosquée. Tous ces tapis et kilims, soigneusement restaurés, font l'objet d'une présentation moderne qui respecte les exigences d'une conservation optimale.

## *Musée des Mosaïques*

Derrière la mosquée Sultanahmet, se trouve un bazar édifié sur les restes d'un ancien palais

*Les œuvres des salles d'exposition du Musée des Mosaïques.*

*La mosaïque de Déisis.*

des IV-VIème siècles. A l'extrémité S. du bazar, des mosaïques appartenant à ce palais antique sont encore visibles à leur emplacement original. Ces mosaïques, mises au jour en 1930, sont les restes du pavement d'une grande salle du palais. Elles se présentent sous forme de panneaux, montrant des scènes de chasse et de la vie quotidienne, et s'ornent de motifs décoratifs.

*L'Empereur Constantin Monomachus, Jésus et l'Impératrice Zoe.*

## Musée de Sainte Sophie

Considérée comme la huitième merveille du monde, le musée de Ste-Sophie est identifié comme le plus beau monument de l'architecture mondiale et de l'histoire de l'art. C'est une des rares œuvres qui a pu résister au temps et a pu survivre durant des siècles jusqu'à nos jours. "Hagia Sophia", son nom original, dit "Ayasofya" par les Turcs porte de nos jours un nom inexact: Sainte-Sophie. La basilique n'était pas dédiée à une sainte nommée Sophie mais à la Sagesse Divine. A la place d'un temple païen d'autrefois, on bâtit trois basiliques qui furent surnommées du même nom. A l'époque du grand empereur Constantin, certaines sources prétendent que la première basilique d'Haghia Sophia fut érigée par cet empereur. La construction initiale de petite dimension avait été réalisée du temps de Constantius, fils de Constantin le Grand. Vers la seconde moitié du IVème siècle.

En 404, lors d'une insurrection la basilique fut réduite en cendres. Elle fut remplacée par une seconde église de plus grandes dimensions, inaugurée en 415. En 532, à la fin

*L'intérieur de la Sainte Sophie, vue générale*

محمد عليه السلام
الله جل جلاله

*Mosaïque, l'Empereur Jean Comnène II et Marie.*

d'une course de chars à l'hippodrome, il y eut une insurrection sanglante qui causa la mort de dix mille personnes et l'incendie d'un grand nombre de bâtiments.

Cette insurrection connue sous le nom de "Nika" fut organisée contre l'empereur Justinien, et une fois encore, la basilique d'Haghia Sophia fut détruite. L'empereur eut beaucoup de mal à apaiser les insurgés. Il décida de faire une basilique comme on n'en avait jamais vu depuis Adam et comme on n'en verra jamais plus. Sur les ruines de l'ancienne basilique les travaux de construction commencèrent en 532. La plus grande basilique du monde chrétien fut achevée en cinq ans. En 537 quand l'inauguration solennelle eut lieu, l'empereur, homme généreux, fit don d'une partie du trésor, impérial aux architectes qui étaient Anthemius de Tralles et Isidore de Milet. La structure architecturale de la basilique fut conservée, par contre, la coupole fut agrandie dans le style romain, les surfaces des constructions arrondies furent recouvertes de grandes coupoles.

C'était pour la première fois dans l'histoire de l'architecture qu'une immense coupole recouvrait la nef centrale unique en son genre dans cette basilique. Bien qu'une telle construction soit une inno-

*La coupole de la Sainte Sophie.*

vation, au VIème siècle l'édifice fut achevée en un temps record. Pendant que les prêtres faisaient leurs prières de protection, la construction continuait avec des colonnes et de nombreux blocs de différents marbres, matériaux datant de l'ère primaire apportés des quatre coins de l'empire.

Plus tard, on inventa des histoires sans intérêt au sujet de l'origine de ces matériaux et surtout de ces colonnes récupérées. A l'époque de Justinien, Sainte-Sophie était connue comme un chef-d'œuvre de goût et de faste. On était amené à penser à l'époque qu'un tel monument ne pouvait être achevé qu'avec l'aide de puissances divines car la dimension de cette création humaine était incommensurable. Sainte-Sophie devint un édifice légendaire du fait des insuffisances techniques et des difficultés financières. Cette basilique tout en étant un chef-d'œuvre sans précédant de l'empire byzantin du VIème siècle, reste aussi rattachée à la tradition de l'architecture intérieure et extérieure, par contre, les deux dômes sont l'héritage de Rome.

L'extérieur n'est pas élégant; les proportions manquent de rigueur. L'extérieur est construit comme une "croûte", par contre l'intérieur est un somptueux palais et apparaît comme l'œuvre représentant un empire très vaste. A l'inauguration, l'empereur impatient, pénétra sur son char dans la basilique, remercia Dieu et s'écria avoir surpassé le roi Salomon.

Dès lors ce lieu allait servir de théâtre des querelles des empereurs byzantins et de l'Eglise

*La direction de l'abside.*

Chrétienne d'Orient durant des siècles et des siècles. Bien que l'édifice soit unique en son genre et de très grande valeur, il comportait des défauts d'une importance vitale. Le plus grand problème était que la coupole de trop grande taille exerçait une pression sur les murs latéraux. C'est ainsi qu'en 558 on assista à l'effondrement des murs provoqué par la poussée extérieure des quatre côtés de la basse coupole initiale.

La seconde coupole fut reconstruite plus haute mais le diamètre en fut diminué. Une partie de cette coupole s'effondra à deux reprises: la première fois au Xème siècle puis la seconde fois au XIVème siècle. A toute époque des dépenses énormes furent effectuées pour entretenir Sainte-Sophie. En 1453, la conquête de la ville par le sultan Mehmet II le Conquérant permit de sauver "Aya Sophia" car il la transforma aussitôt en mosquée. Parmi les travaux importants, on peut voir au XVIème les murs de soutènement construits par l'architecte Sinan et au milieu du siècle dernier, les restaurations des frères architectes Fossati. Puis

*Mosaïque, Porte Impériale.*

à partir de 1926 il y eut d'autres rénovations telles que la ceinture de fer qui fut ajoutée à la coupole. Sainte-Sophie après avoir été pendant 916 ans la première église, et pendant 477 ans une mosquée, devint finalement par ordre d'Atatürk un musée. Entre 1930-35 à la suite de fouilles locales, des mosaïques furent découvertes, restaurées, depuis elles prennent place parmi les importantes œuvres d'art de l'époque byzantine. Visite: A l'entrée du musée à l'angle O. qui donne accès à la cour intérieure on remarque une porte en bronze qui date de plusieurs siècles. Tout à côté de l'entrée, on peut voir les vestiges de la première construction et l'exonarthex où les non-baptisés pouvaient avoir accès, qui s'ouvre par cinq portes sur le narthex donnant par neuf portes à la partie principale. Au centre, la haute porte est la porte impériale. Audessus de celle-ci on peut voir un panneau de mosaïque qui date de la fin du VIème siècle. Au centre, un empereur y est représenté demandant grâce à Jésus-Christ, fils de Dieu tout puissant, assis sur un trône. Dans les médaillons de droite se trouve une représentation de la Vierge Marie et de l'archange Gabriel. La voûte en berceau du narthex ornée de mosaïques à motifs géométriques est datées de l'époque de Justinien.

La nef centrale est un lieu vaste et fastueux. Dès qu'on y entre on est sensible à l'effet de la coupole qui recouvre tout l'édifice comme suspendue dans le vide. Le marbre et les mosaïques multicolores décorent les murs et les voûtes. Les trois différents tons de couleur des mosaïques de la coupole marquent les trois différentes phases de travaux de restauration. Cette coupole, du point de vue de la dimension et de sa hauteur fait partie de l'une des plus grandes coupoles du monde. En raison des travaux effectués, elle n'est pas tout à fait voûte sphérique. du N. au S. la voûte est de 31 m 87 de diamètre, mais d'E. en Q. elle est de 30m87 de diamètre, elle mesure 55 m 60 du sol à la clef de voûte.

Sur les quatre pendentifs qui supportent la coupole: quatre chérubins sont représentés, les têtes masquées par un cabochon doré. La nef centrale large et de plan rectangulaire de 75 m 67 de long sur 69 m 80 de large est séparée par des colonnes à droite et à gauche, comportant de sombres

*La coupole.*

*La galerie supérieure.*

*La porte en marbre.*

bas-côtés latéraux. Au rez-de-chaussée et dans les galeries on compte en tout 107 colonnes. Les colonnes de porphyre antique qui occupent les angles de la nef centrale, les colonnes centrales en marbre vert de Salonique et tous les chapiteaux faits de marbre blanc recouverts d'ornements richement décorés, évoquent tout un passé. Il ne faut pas voir Sainte-Sophie seulement comme un musée vide, mais se la représenter ancienne, mystique et importante du fait qu'elle fut une basilique puis une mosquée.

A l'époque où elle était la Première Eglise du Grand Empire, la petite chapelle de l'abside, l'ambon, l'autel et les objets de cérémonie, les panneaux d'inscription étaient incrustés de pierres précieuses. Certaines portes étaient même ornées de métaux précieux. Les grandes inscriptions sphériques en cuir, de 7 m 50 de diamètre, accrochées aux murs au niveau des galeries, les inscriptions de la coupole rappellent que ce chef-d'œuvre à servi aussi de mosquée. Ces calligraphies exécutées par de grands maîtres de l'époque, au milieu du XIX$^{ème}$ siècle sont de véritables chefs-d'œuvre contrastant avec le reste.

L'abside renferme le "Mihrab", à droite la chaire et la "tribune des chantres", construites au temps des Turcs. Le sol du rez-de chaussée est recouvert de grandes dalles de marbre de couleur qui furent peut-être rajoutées au XII$^{ème}$ siècle. Une mosaïque au sol "omphalos" montre l'endroit précis où le trône des empereurs était dressé lors de la cérémonie du couronnement.

De part et d'autre de l'entrée de la nef centrale, on remarquera d'énormes jarres rondes en albâtre dont deux très anciennes furent apportées de Bergame au XVI$^{ème}$ siècle. A gauche, dans l'angle N.O. de Sainte-Sophie il y a une colonne poreuse dite "colonne suante". Une ceinture de bronze entoure la partie basse de cette colonne. Elle comporte un trou de la largeur d'un doigt. Il existe de nombreuses légendes à son sujet. A l'extérieur, des contreforts massifs ont été ajoutés pour étayer l'édifice. L'intérieur du contrefort Nord, a une rampe permettant d'accéder aux galeries supérieures. Les galeries intérieures qui encerclent les trois angles de l'édifice, lui donnent une dimension différente. Là, pour les réunions, il y avait des espaces réservés aux dames de la cour et aux ecclésiastiques. Dans l'aile Sud trois panneaux de mosaïque représentent chacun trois personnages.

*La galerie supérieure.*

*Les têtes de méduse.*

## *La Citerne-Basilique de Yerebatan*

On y accède par un petit bâtiment situé à l'O. de la Sainte-Sophie et, en descendant quelques marches, on pénètre dans la plus grande et la plus belle des citernes de la ville. Elle est couverte de voûtes en brique, supportées par une forêt de colonnes. La grande avenue, avec sa circulation intense, passe en partie au-dessus de cette construction. Comme cette citerne fut construite au dessous d'un édifice à plan basilical, ce monument fut appelé “Citerne-Basilique”. Ce bel ouvrage fut réalisé sur les ordres de Justinien au VIème siècle, pour assurer l'alimentation en eau du palais impérial. Cette citerne mesure 140 sur 70 m. et comporte 12 rangées de 28 colonnes, dont certaines sont couronnées de chapiteaux corinthiens, d'autres de chapiteaux simples, sans décor. Le niveau de l'eau varie suivant les saisons. Sur le mur E. des conduites placées à différents niveaux, partent vers l'extérieur. La trace des différents niveaux est encore visible sur les colonnes.

### *Le Parc Archeologique a l’Est de la Sainte Sophie*

Les fouilles effectuées par le Musée Archéologique depuis les années 1990 ont permis de découvrir les vestiges et œuvres variés appartenant aux périodes Byzantine et Ottomane. Les vestiges du Grand Palais Byzantin et les objets découverts sont exposés sous forme d’un musée en plein air.

*Détail du Parc Archéologique.*

*Le Musée Archéologique.*

# *Les Musées des Antiquités d'Istanbul*

Les musées des antiquités d'Istanbul, installés dans la première cour du Palais de Topkapı comprennent: le Musée de l'Ancien Orient, le Musée Archéologique et le Musée de la Céramique. Ils possèdent 60.000 œuvres archéologiques, 760.000 pièces de monnaie et médailles ainsi que 75.000 tablettes d'argile. Cette opulence leur donne le titre de faire partie des musées les plus importants et les plus riches du monde. Les objets venus des dépôts, des musées privés ou des fouilles récentes sont exposés en permanence dans les salles du bâtiment principal.

## *Le Musées Archéologique*

Ce musée fut inauguré pour la première fois le 13 Juin 1891 sous le nom de "Mü'ze-i Hümayun" par l'archéologue et peintre Osman Hamdi Bey. En l'honneur de son centenaire, il a été restauré et les collections furent réorganisées; aujourd'hui, avec son annexe, il a été à nouveau ouvert au public. Il est installé dans le bâtiment construit par l'architecte Valaury dont la porte d'entrée monumentale présente un aspect grandiose. Il expose dans plusieurs salles et salons des oeuvres groupées selon leur période et leur genre. Les principales sections sont: la "Salle des Sculptures Archaiques" qui présente des œuvres appartenant des époques archaïques jusqu'à la fin de la période romaine; la "Salle de Reliefs Attiques et Stèles Funéraires"; la "Salle de la Domination Perse en Anatolie"; le "Salon de Kenan Erim" qui expose des œuvres des 3 villes de marbre de l'Anatolie: Ephèse, Milet et Aphrodisias; la "Salle des Sculptures de Magnésie

*Le Sarcophage d'Alexandre.*

*Le Sarcophage des Pleureuses.*

Le dieu des fleuves.

du Méandre et de Tralles"; la "Salle des Sculptures de la Période Hellénistique"; le "Salon des Portraits Romains" et le "Salon des Sculptures de la Période Romaine". A gauche de l'entrée, à côté du stand de vente d'objets de souvenirs et de livres, on pénètre dans le salon organisé en l'honneur du fondateur de ce musée, Osman Hamdi Bey. Le sarcophage de Sidon (Sayda) découvert par cet archéologue dans les fouilles de la nécropole royale est exposé dans la salle adjacente. La première salle

*La salle de la Période Hellénistique.*

*Le jeune grec.*

*La salle de la Période Romaine.*

présente 3 sarcophages côte à côte: le sarcophage du roi Sidonien Tabnit, le sarcophage lycien et le sarcophage du Satrape. Plus loin, le célèbre sarcophage dit "d'Alexandre" qui est l'une des plus belles découvertes du monde archéologique et le sarcophage dit des "Pleureuses" découverts au cours des fouilles de la nécropole royale de Sidon (Saida), datés du IVème s.av.j.c. Des sarcophages, des stèles funéraires, les découvertes dans deux grands temples et aux environs d'Istanbul sont exposées dans les salles suivantes. Le plus grand et le plus beau spécimen des sarcophages de type Sidamara est aussi exposé ici. Dans le bâtiment annexe, au rez-de- chaussée, sont exposés des éléments architecturaux appartenant à "l'époque archaïque"; au premier étage, ceux appartenant à "Istanbul à travers les Ages". Au second étage, on remarquera dans la section de "L'Anatolie pendant les siècles de Troie" des objets appartenant aux époques paléolithique, de l'Ancien Bronze, du Moyen Bronze, du Bronze Récent, de l'Age du Fer et de la Civilisation Phrygienne. Un coin du salon est réservé à la ville de Troie qui présente dans différentes vitrines des œuvres trouvées dans les niveaux de la Troie I à IX. Au troisième étage, la section "Anatolie et Cultures Proches" expose dans un ordre chronologique des objets trouvés à Chypre, en Palestine et en Syrie.

## *Le Musée de l'Ancien Orient*

Ce bâtiment qui abritait, depuis 1883, l'Académie des Beaux-arts, fut transformé, en 1974, en un musée qui expose des objets et trouvailles provenant d'Egypte, de la Mésopotamie, de Babylone, de l'Assyrie, d'Arabie avant l'islam et des civilisations anatoliennes des époques primaires. Les archives installées au sous-sol, conservent plus de 75.000 tablettes d'argile inscrites en caractères cunéiformes qui, après le British Museum, est la seconde des plus grandes collections de ce genre.

*Le Musées des Arts Orientaux anciens.*

*Le pavillon aux Faïences.*

## *Le Musée de la Céramique*

Il est installé dans l'un des premiers bâtiments construits par les Turcs après la conquête d'Istanbul, formant en même temps l'un des premiers édifices du Palais de Topkapı (1492).

Avec ses colonnes reliées entre elles par des arcatures cintrées en ogive, sa façade ornée de balcons, ses galeries et ses panneaux en faïence émaillée colorée, il présente une décoration typique de l'art ottoman primaire encore influencé par l'art seldjoukide. La salle centrale est couverte d'une coupole, sur laquelle s'ouvrent des salles latérales qui exposent, dans un ordre chronologique, des œuvres en céramique et en faïence émaillée appartenant aux périodes seldjoukides et ottomanes du XII$^{ème}$ au XIX$^{ème}$ s. Celles du XVI$^{ème}$ s. provenant des ateliers d'Iznik sont particulièrement remarquables et les plus précieuses de cette collection..

# *L'Empire Ottoman (1299-1922)*

Le pays d'origine des Turcs est l'Asie Centrale. Les Turcs ont émigré à diverses époques et fait des conquêtes à plusieurs reprises dans différentes régions d'Asie et d'Europe. Les peuplades turques qui, dans les premiers temps, vivaient en nomades, ont commencé à partir du VII$^{ème}$ siècle à se sédentariser et à fond er des foyers de civilisation en divers points. Le groupe le plus important et le plus durable d'entre eux s'est constitué à partir d'une petite principauté (beylik) d'Asie Mineure, qui sera à l'origine d'un empire qui durera 600 ans: l'Empire Ottoman, l'un des plus grands empires du monde. Les Turcs étaient en minorité lorsqu'ils s'établirent dans les pays conquis, mais du fait de leur supériorité dans le domaine de l'administration et du gouvernement, ils réussirent à s'imposer. Dans beaucoup de pays conquis, juifs, chrétiens, musulmans, pay s où se mêlaient des cultures très variées, ils apportèrent la paix et la sécurité. L'histoire de l'Empire Ottoman est liée à celle de nombreux pays, depuis l'Arabie jusqu'à la Russie, depuis l'Iran jusqu'aux Balkans, la Grèce et Vienne. Elle est liée plus particulièrement à l'histoire de l'Europe pendant 400 ans. Vers la fin du XIX$^{ème}$ siècle, les peuples sous domination ottomane commencèrent à se rebeller sous l'influence d'incitations extérieures, ce qui provoqua le démembrement de l'empire. En outre, la Première Guerre Mondiale et les menées des Alliés causèrent la chute de l'empire. Le territoire fut partagé, mais un général Turc, Kemal Atatürk, mena au nom de la Nation Turque une guerre de libération dont il sorti vainqueur et il fonda alors la République Turque (1923).

Le sultan Mahmut H et deux miniatures ottomanes.

*Les musées archéologiques et le Palais de Topkapı.*

## *Le Palais de Topkapı*

C'est l'un des plus ancien, des plus vastes palais qui ont pu parvenir jusqu'à nos jours. Depuis 1924, le palais est devenu un musée par ordre d'Atatürk.

L'emplacement de ce palais offrant une magnifique vue de la mer Marmara, du Bosphore et de la Corne d'Or, s'étend sur la célèbre colline de l'Acropole. Situé sur la pointe de la presqu'île de forme triangulaire, entouré de remparts

***Plan du palais de Topkapı***

1- *La Première Cour.*
2- *La Porte du Salut.*
3- *La Seconde Cour.*
4- *L'entrée du Harem.*
5- *La Coupole et la Tour de la Justice.*
6- *La Section des Armes.*
7- *La Porte de la Félicité.*
8- *La Section des Porcelaines Européennes.*
9- *Les Cuisines. (Section des Porcelaines Chinoises et Japonaises.*
10- *La Section des Porcelaines Turques.*
11- *La Salle d'Audience.*
12- *La Troisime Cour.*
13- *La Section des Cafetans des sultans.*
14- *La Section du Trésor.*
15- *La Bibliothèque d'Ahmet III.*
16- *La Direction du musée.*
17- *La Section des Calligraphies, des Miniatures et Portraits de sultans.*
18- *La Collection de Montres.*
19- *La Section des Reliques.*
20- *La Bibliothèque du palais de Topkapı.*
21- *La mosquée Sofa.*
22- *Le Kiosque de Mecidiye.*
23- *La chambre du Médecin-en-Chef.*
24- *Le Kiosque de Mustafa Pacha.*
25- *La Quatrième Cour.*
26- *Le Kiosque de Revan.*
27- *Le Kiosque de Bagdad.*
28- *La Salle de la Circoncision.*
29- *Le Kiosque d'Abdiilhamit 1er.*
30- *La cour des favorites.*
31- *Le salon de Murad III.*
32- *Le Salon Impérial.*
33- *La cour de la Reine - Mère.*
34- *L'Hôpital du Harem.*
35- *La cour des Eunuques Noirs.*
36- *Les écuries impériales.*
37- *La librairie.*

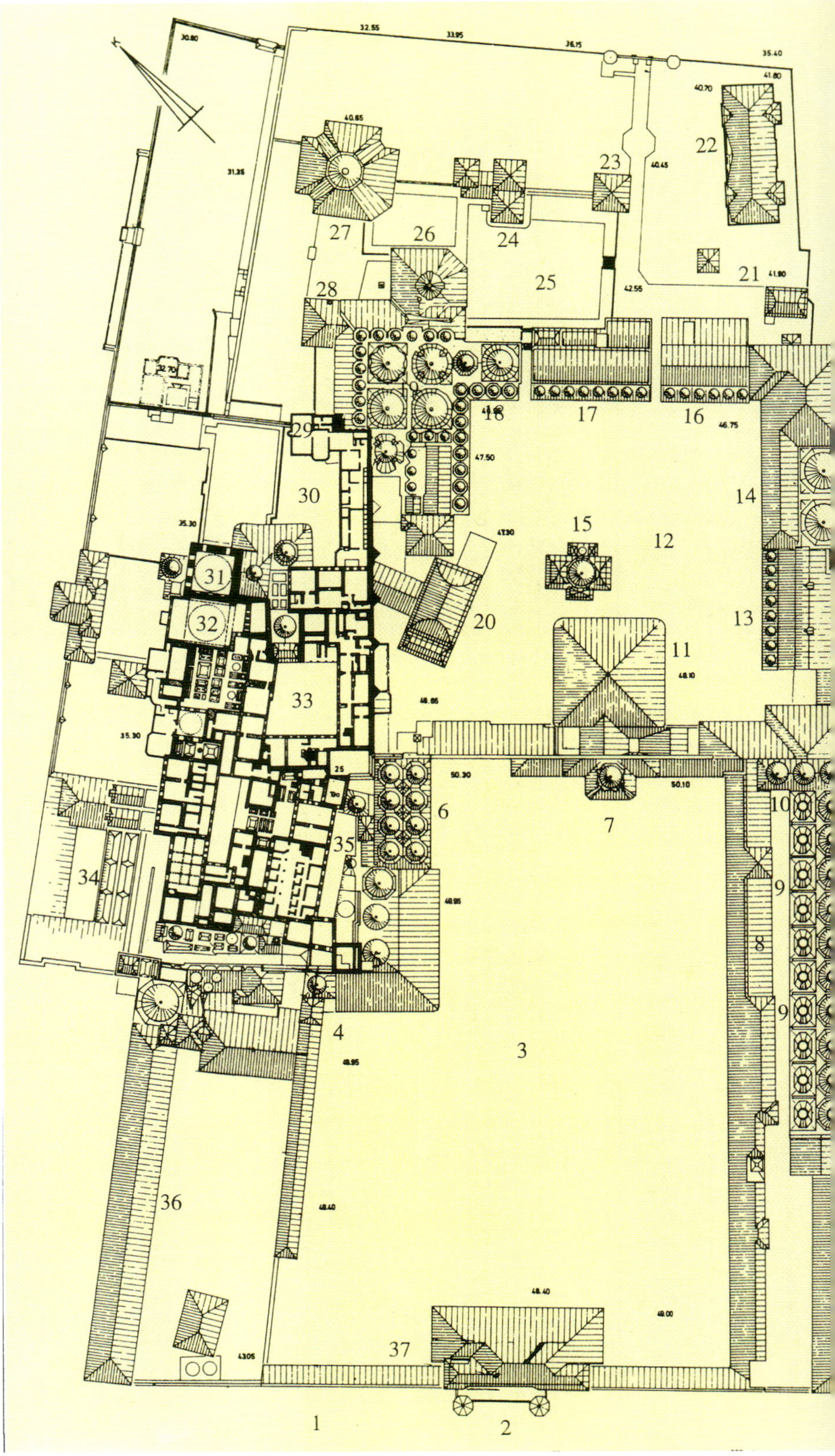


*Plan du palais de Topkapı.*

*La Porte du Salut, le Palais de Topkapı.*

de cinq km. de long, il constitue un ensemble de bâtiments et une propriété privée d'une superficie de 700.000 $m^2$.

Le sultan Fatih Mehmet parvenant à conquérir la ville en 1453 avait investi Istanbul, devenue la capitale de l'Empire Ottoman. Le premier palais se trouvait érigé en plein centre de la ville. Le second palais construit en 1470 prit le nom de "Yeni Saray" (nouveau palais) puis de "Topkapı Sarayı" (le palais de Topkapı). C'est un palais de type classique, comme tous les célèbres sérails turcs. Cet ensemble de plusieurs corps de bâtiments construits pour différents usages et ombragés par des arbres, se constitue de cours intérieures en enfilade où on y pénètre par de gigantesques portes. Ces bâtiments fonctionnels se répartissent tout autour de cours intérieures. Durant les années qui ont suivi, le palais impérial connut de nombreux agrandissements et changements successifs. Lorsqu'en 1853 les sultans préférèrent habiter le palais de "Dolmabahçe" (sur la rive du Bosphore) le palais ne fut plus la première résidence officielle et très vite il commença à tomber en ruine. En période républicaine, durant 50 ans, les travaux de restauration permirent de

*Les miniatures ottomanes.*

lui redonner sa beauté d'autrefois. Dans le palais, la plupart des objets rares exposés sont des chefs-d'œuvre uniques au monde. On remarque qu'au temps où le sérail était la première résidence impériale, ses fonctions ressemblaient peu à celles des autres palais. Propriété personnelle des souverains ottomans et résidence officielle, ce palais était aussi le siège des affaires publiques du royaume, le trésor, impérial, l'hôtel de la monnaie et les archives.

Le palais enfermait également l'école des hautes études ainsi que l'université du sultan et du royaume. Le Palais de Topkapı, véritable plaque tournante de l'empire ottoman constituait donc à tout point de vue le siège principal. Bien après la fondation du palais, le harem privé des sultans fit partie du sérail. Cet empire gigantesque qui a régné durant 622 ans sur l'Asie entouré de la Méditerranée et de la mer Noire et sur les continents européen et africain, a unifié tout un peuple de races et de religions différentes. Le seul autre empire qui fut aussi longtemps légal sur un aussi vaste territoire, fut l'Empire Romain. 36 sultans régnèrent sur l'Empire Ottoman et à partir du XVIème siècle les sultans décidèrent de conquérir le monde islamique en qualité de Calife. Les administrateurs, habiles et dévoués ont obtenu de grands succès dans les affaires publiques et l'organisation de ce grand empire. La plupart des vizirs et des grands vizirs étaient diplômés de l'école du palais (Enderun). Dans le palais, la vie commençant à la lueur du jour a toujours été dirigée en toute circonstance par des règles de protocole très sévères et par de grandes cérémonies. Chacun devait se conformer aux coutumes et aux traditions qui étaient enracinées depuis des siècles. Même durant l'effondrement de l'empire, ces règles furent toujours strictement respectées. Les pavillons et résidences du palais qui furent construits au cours du siècle reflètent le style et l'évolution de l'artisanat turc, avec des ouvrages en bois et en faïence et des formes et styles architecturaux variés.

## *La Première Cour*

On pénètre dans la première cour du palais par une porte dénommée Bab-ı Hümayun ou "Saltanat kapısı" (la Porte Impériale). La fontaine, à l'entrée de cette cour, est la plus belle œuvre de l'art turc du XVIII$^{ème}$ siècle. Jadis dans cette cour se trouvaient l'Hôtel de la Monnaie, les boulangeries du palais, les réserves de bois, le régiment des gardes et sur la terrasse inférieure des jardins potagers privés. Le premier monument du palais le "Çinili Köşk" se trouve aussi dans cette première cour. En entrant à gauche, dans la cours s'élève l'église Sainte-Irène, œuvre du VIème siècle. Cette basilique byzantine transformée en musée est contemporaine de la Sainte-Sophie et se situait dans le même complexe. Le bâtiment est utilisé comme salle de concert pendant le Festival Musical Traditionnel d'Istanbul. Son acoustique est remarquable.

## La Seconde Cour

L'entrée principale du musée actuel s'ouvre par la seconde porte que l'on appelle "Orta kapı" (la Porte du Milieu) ou encore "Bâbü's-Selam" (la Porte du Salut). Par cette porte on débouche sur la seconde cour qui était la place réservée au cabinet des affaires de l'Etat. Seuls les sultans pouvaient accéder à cheval dans cette cour où avaient lieu des cérémonies importantes, la réception des vizirs et ambassades, et les entrevues d'affaires avec le peuple.

Pendant tout le déroulement de ces cérémonies auxquelles assistaient cinq à dix mille personnes, on sait qu'il régnait un silence absolu, moyen d'action du despotisme. Les sultans étaient conviés à la cérémonie et aux distractions;

*L'Eglise Sainte Irène.*

le trône impérial se dressait devant la porte à l'autre bout de la seconde cour et tous les invités gardaient les mains jointes en signe de respect. A l'angle gauche de cette même cour on trouve un édifice, "le Kubbealtı" où se déroulaient les réunions des vizirs. C'est là que s'élève la seule tour du palais appelée la Tour de Justice car c'était la salle de Conseil du sultan où la justice était rendue. Cette tour, permettait aussi de surveiller le port et tout Istanbul. On y accédait uniquement par le harem.

## Le Harem

Le Harem de Topkapı se compose de longs corridors et de 400 chambres dispersées autour de cours étroites et sombres. Cette partie du palais fut sans cesse aménagée et agrandie, elle fut dénommée le "Harem" car la Reine-Mère, les frères et sœurs, les autres membres de la famille impériale, les serviteurs fidèles et les eunuques de la famille impériale y habitaient. On a toujours raconté à ce propos de très nombreuses histoires. Les femmes de diffé-

*La salle du sultan, le Harem.*

بسم الله الرحمن الرحيم

*La Cour des Favorites, le Harem.*

rentes races au service du sultan et de sa famille étaient offertes ou étaient choisies parmi les plus saines et les plus belles filles. Très jeunes, les filles introduites dans le harem recevaient une éducation très stricte pendant plusieurs années. Après avoir appris les usages du Sérail, les filles cataloguées qui réussissaient à séduire le sultan pouvaient même devenir épouses légitimes. Le titre d'impératrice n'existait pas. La Reine-Mère gérait tout le harem. La richesse, le faste se mêlant aux intrigues, à la haine et aux entreprises de séduction faisaient partie de la vie du harem. Lorsqu'un jeune sultan prenait la succession, le harem du sultan précédent était envoyé dans un autre palais. Mais s'il avérait que le sultan soit un faible et un mauvais dirigeant de l'empire, aussitôt les fils des femmes du harem exerçaient des pressions, montaient des complots politiques. Le mode de vie des femmes tout particulier du harem avec tout ce que cela comportait d'intrigues, de beauté et de laideur ressemblait bien peu à celui de la femme actuelle.

Aujourd'hui une partie du harem seulement peut être visitée. Le visiteur devinera aisément ce passé lourd d'évocations de toutes sortes, en apercevant les longs corridors sombres et les chambres vides. Plusieurs pièces et salles attirent l'attention avec les faïences murales d'une beauté rare, les vitraux en couleur, les fontaines et cheminées.

← *La Salle à la Fontaine, le Harem.*

## *Les Cuisines, la Salle des Porcelaines*

Les cuisines se trouvent dans la seconde cour du palais, ces bâtiments sont coiffés d'une vingtaine de cheminées. Seulement une partie des spécimens exceptionnels parmi les 12.000 porcelaines de Chine et du Japon du palais y sont exposées. Autrefois dans ces cuisines plus de mille cuisiniers et marmitons préparaient les repas et les distribuaient dans les différentes parties du palais.

*Les porcelaines du palais.*

La plus riche collection de porcelaines du monde est exposée dans un ordre chronologique original. Une partie des cuisines a pu être conservée, l'autre partie est consacrée à une exposition de verreries et de porcelaines d'Istanbul. En outre, dernièrement ici une nouvelle exposition fut inaugurée, on peut y voir des porcelaines européennes et des objets en argent.

## *La Troisième Cour*

La porte appelée "Bâbü's-sa'âde" (Porte de la Félicité) donne accès à la troisième cour qui était réservée et interdite d'accès à ceux qui n'avaient pas d'autorisation. Elle était sous le contrôle des eunuques blancs dits "Ak Ağalar". L'école du palais, la salle du trône (salle d'audience), le Trésor du Trône, la salle des Reliques se trouvaient dans cette troisième cour. Le sultan recevait les vizirs, les ambassadeurs, et tenait des réunions avec ses grands vizirs dans cette salle d'audience.

Les serviteurs de la salle d'audience qui étaient désignés, étaient sourds et muets, ceci pour diverses raisons de sûreté. Les hommes de confiance qui administraient les affaires du sultan étaient non seulement des dignitaires mais aussi les notables de l'Ecole Impériale. Au milieu de la cour se dresse la

←

*En haut : La porte du Bonheur.*

*Au centre : La Salle d'Audience .*

*En bas : la Bibliotheque d'Ahmet III.*

→

*Les cafetans de sultan.*

bibliothèque du sultan Ahmet III (XVIIIème siècle): elle est un modèle typique de l'architecture turque de style baroque.

## *Costumes Impériaux*

A droite de la seconde cour est exposée la collection unique au monde de vêtements des sultans. Confectionnés dans les ateliers de couture du sérail, ces 2.500 costumes en étoffes tissées à la main, sont depuis le XVème siècle, précieusement conservés. A côté de ces costumes brodés de fil de soie, d'or et d'argent sont également exposés des tapis de soie, chefs-d'oeuvre de l'art turc.

## *Le Trésor*

La collection du Trésor du musée de Topkapı est la plus riche et la plus belle au monde. Tous les objets, exposés dans quatre salles, sont authentiques et uniques. Les chefs-d'œuvre de la joaillerie turque de différentes époques telles que les œuvres européennes, indiennes et orientales vous fascineront. Chaque salle renferme un trône impérial datant de différentes époques. Les tenues de cérémonies, les armes, les narguilés, les services à café turc avec tasses et porte-tasses sont incrustés d'or et de pierres précieuses. La deuxième salle est dénommée "la salle des émeraudes": là sont exposés des aigrettes, des pendentifs d'une beauté éblouissante, des émeraudes brutes pesant des kilos et un poignard orné de trois grosses émeraudes symbolisant le Palais de Topkapi. La troisième salle est le siège d'œuvres en émaux, de médaillons et insignes offerts au sultan par différents pays, d'une paire de chandeliers en or pesant chacun 48 kg, du plus célèbre trône sur fond d'or, dressé à l'occasion des cérémonies du couronnement et des fêtes religieuses. On peut également admirer le diamant "Kaşıkçı", dit aussi de "Pigot", de 86 carats. En sortant de cette troisième salle il y a un kiosque donnant accès à la quatrième salle où vous aurez une vue splendide sur le Détroit du Bosphore et sur la rive asiatique. Dans la quatrième salle est dressé le magnifique trône d'origine indo-persane. Une multitude d'objets ornés de pierres précieuses émerveilleront le visiteur. Dans l'angle de la quatrième cour en face du Trésor un pavillon abrite une collection de pendules, de montres, de

*Le poignard de Topkapı.*

Trône.

pendulettes de table plus belles les unes que les autres. C'est dans cette section du musée que sont exposés divers objets sacrés ayant appartenu au prophète Mohamed.

Dans une grande salle, tout près on peut voir une riche collection de manuscrits de calligraphie turque.

*Le Poignard "Topkapı":* Ce poignard est le symbole du palais et de la Salle du Trésor. C'est l'exemple unique de l'incomparable travail turc fait main. Une montre est cachée sous l'émeraude du dessus de la poignée qui est elle-même ornée de trois grosses émeraudes.

*Le Diamant "Kaşıkçı":* Ce diamant de 86 carats, taillé en forme de poire, est considéré comme l'un des plus gros diamants du monde. Ce diamant enfermé

*Le diamant Kaşıkçı (fabricant de cuillère)*

←

*Casque.*

*Les reliques sacrées, les épées du Prophète Mohamed.*

dans une vitrine spéciale, qui éblouit par l'éclat de ses brillants, a une origine incertaine. On l'appelle le diamant "Kaşıkçı" (fabricant de cuillers de bois) parce qu'on a prétendu qu'il a été échangé contre quelques cuillers de bois.

Selon certains spécialistes, c'est le diamant de "Pigot", un officier français nommé Pigot qui aurait acheté aux Indes en 1774 un diamant de cette taille et de cette forme.

En France, le diamant changea souvent de main. Plus tard c'est la mère de N. Bonaparte qui l'a vendu à un gouverneur turc nommé Tepedelenli Ali Paşa. A la suite de la condamnation à mort de ce gouverneur en 1840, le diamant aurait pris place dans le Trésor Impérial. Ce gros diamant, taillé très particulièrement, est entouré de deux rangées de 49 brillants enchâssés dans des chatons en or.

← *Les œuvres de la section de Trésor.*

## *Le Trône:*

Ce trône est un chef-d'œuvre indo-persan d'une très grande valeur artistique. Il constitue le summum du travail de l'émail et de l'orfèvrerie. Il est surmonté d'une multitude de diamants, de perles et de rubis et il date du XVIIIème siècle. Il est composé en tout de 223 éléments. Ce cadeau fait par le Chah d'Iran, constitue l'objet le plus important de la quatrième salle. Sur fond d'or, le trône enrichi de pierres précieuses et de fleurs printanières en émail, comporte un coussin brodé et un tabouret très original.

## *La Salle des Reliques Islamiques*

Les Reliques de la religion musulmane rapportées d'Egypte au début du XVIème siècle par le sultan selim Ier sont conservées dans cette salle. Toujours à partir du XVIème siècle, le sultan obtint le statut de Calife, ce qui lui permit de posséder, les clés de la "Kaaba" et les objets personnels du Prophète. Ces reliques ont d'une part une valeur religieuse et d'autre part une grande valeur artistique.

Le Pavillon de Bagdad.

Le Pavillon de Mustafa Pacha.

*La colonne de Constantin (colonne aux anneaux).*

## La Colonne de Constantin

En 330, pour célébrer la fondation de la nouvelle capitale de l'empire romain, on éleva une colonne en l'honneur de Constantin le Grand, au milieu d'une grande place située au sommet de la deuxième colline. Cette place, de forme ovale, dans laquelle passait l'avenue principale qui commençait par la place de la Sainte Sophie, était entourée de portiques. On désigne également ce monument sous le nom de "colonne brûlée". A l'origine, elle était beaucoup plus haute et portait une statue dorée représentant Constantin sous les traits du dieu-Soleil. Les blocs de porphyre formant le fût de la colonne subirent l'épreuve du feu lors d'un incendie et, avec le temps, éclatèrent en différents points. Pour la renforcer, on la cercla de fer, d'où son nom en turc de "pierre cerclée" (Çemberlitaş). Le chapiteau de marbre blanc fut ajouté au XII$^{ème}$ siècle et le placage de pierre pour renforcer la partie inférieure, au XVIIIème. On pense qu'il existait sous la colonne une petite salle dans laquelle étaient conservées des reliques datant du début du christianisme.

## La Place de Beyazit (Forum Tauri)

Acet endroit fut aménagée en 393, sous l'empereur Théodose Ier, la plus grande place de la ville. Au centre s'élevait un arc

*La Place Beyazıt.*

La Tour de Beyazıt.

Une avenue dans le Grand Bazar.

de triomphe monumental, surmonté de la statue de l'empereur. Pour cette raison, cette place s'appelait Place de Théodose. Mais on la nommait encore place du Taureau, car il s'y trouvait également une grosse tête de taureau en bronze. Quelques fragments de l'arc de triomphe existent encore à leur emplacement d'origine. En revanche, il ne reste plus trace de la plus importante des fontaines monumentales de la ville, qui se trouvait au N. de la place et qui était alimentée par l'aqueduc de Valens. Sur cette place se trouve actuellement l'Université d'Istanbul au milieu d'un grand jardin qui occupe l'emplacement du Vieux Sérail construit par Mehmet le Conquérant. La porte d'entrée monumentale et la tour de l'université, qui est la plus haute de la ville, sont des œuvres du XIXème siècle. En face de l'université se situent la mosquée de Beyazıt et ses bâtiments annexes (medersa et hammam) qui bordent la place.

## Le Grand Bazar

C'est le marché couvert le plus ancien et le plus vaste du monde. Il se situe au centre d'Istanbul.

Une entrée du Grand Bazar.

Véritable ville dans la ville, il faut avoir vu cet immense labyrinthe de près de 60 ruelles et de plus de 3.000 boutiques. Entièrement recouvert, il a grandi avec le temps. Du XVème siècle il reste 2 bâtiments centraux aux murs épais recouverts d'une série de coupoles; plus tard des ruelles annexes se sont développées qui elles aussi ont été recouvertes. Autrefois chaque ruelle du bazar abritait un certain corps de métier, et les artisans, étroitement contrôlés, avaient à cœur d'observer de près les règles de probité commerciale. Toutes sortes d'étoffes précieuses, de bijoux, d'armes, d'antiquités, étaient proposés à la vente par des familles spécialisées dans la question depuis des générations et qui avaient toute la confiance de leurs clients.

Le bazar a subi à la fin du siècle dernier, un tremblement de terre et plusieurs grands incendies; il a certes été reconstruit, mais sans retrouver son cachet d'antan. Autrefois la confiance accordée par le peuple aux artisans du bazar était telle que maintes familles leur confiaient leurs économies afin qu'ils les fassent fructifier.

De nos jours de nombreux métiers ont disparu du bazar et seuls les noms de rues témoignent de leur existence passée: ainsi les “yorgancı” (artisans confectionnant

*Magasin de souvenirs.*

la literie, en particulier les fameux yorgan), les “terlikçi” (artisans confectionnant les pantoufles), les “fesçi” (artisans confectionnant les fez, coiffure traditionnelle des hommes à l'époque ottomane). La rue principale du bazar est le domaine des joailliers, une ruelle adjacente est celle des marchands de bijoux en or. Dans ces boutiques de dimensions réduites les achats se font souvent après d'âpres marchandages. Le bazar est animé et il y a foule à toute heure du jour. C'est d'un ton péremptoire que les commerçants invitent les flâneurs dans leur boutique. Il préserve son originalité en dépit des magasins que de grandes sociétés ont ouverts à proximité depuis une quinzaine d'années. Dans ces magasins vastes et confortables, de conception plus “moderne” on pourra acquérir à peu près tous les objets faits main et destinés à l'exportation.

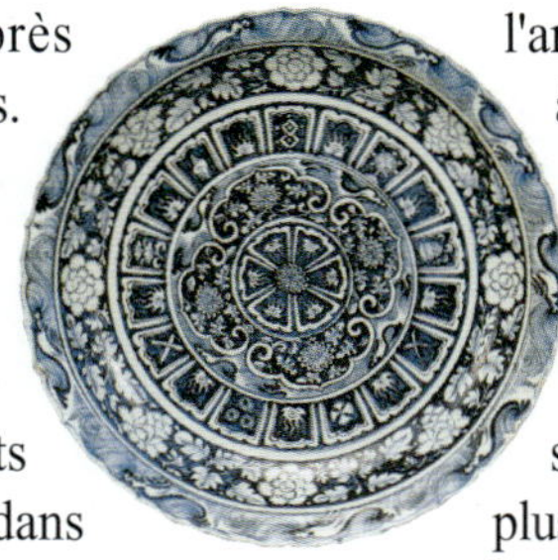

Les tapis faits à la main et les bijoux sont les plus beaux exemples de l'artisanat turc traditionnel. Tous ces objets sont vendus avec des certificats garantissant leur origine et leur qualité et peuvent être expédiés, sur demande, de façon sûre, dans le monde entier.

Le peuple turc a développé depuis des époques très reculées l'artisanat du tapis noué à la main. C'est à Istanbul que se trouvent les 2 premiers musées du monde du tapis ancien, ce sont également les plus riches. De nos jours, dans toute la Turquie, dans maintes maisons de village, on continue à confectionner des tapis traditionnels à la main, chacun d'entre eux portant les caractéristiques de sa région d'origine.

*Tapis de Milas fait main.*

En pure laine, laine et coton ou pure soie, ils constituent de précieuses pièces de collection.

L'habilité prenant ses racines dans une tradition ancestrale, la qualité des matières premières, une technique très particulière, la patience et un labeur de longs mois contribuent à la juste réputation de ces tapis. Les tapis de Hereke, de Konya et de Kayseri sont très recherchés sur le marché international du tapis.

### *Shopping à Istanbul*

Avec ses milliers de boutiques, le Grand Bazar d'Istanbul est l'un des centres de commerce les plus connus et importants du monde. Les centres commerciaux attractifs, à plusieurs niveaux, offrant des collections riches, construits ces dernières années dans les quartiers centraux et à l'extérieur de la ville sont devenus un paradis des achats pour les pays voisins et les visiteurs. Ceux de Şişli, Nişantaşı, Etiler, Levent, Maslak et Kadıköy sont assez luxueux et grands.

*Un magasin de tapis.*

chitecte Sinan; un génie du monde de l'architecture. C'est à travers cette œuvre que le fondateur et le propagateur de l'architecture classique turque, démontra une fois de plus sa supériorité artistique. Cette grande unité architecturale est entourée d'écoles, d'un hospice, d'un hamam, de soupe populaire d'un caravansérail et de magasins. Si l'on veut mieux contempler la beauté extérieure de la mosquée, il faut s'en éloigner. De la Tour de Galata ou du quartier de Galata dans la Corne d'Or vous pouvez admirer cette œuvre impériale dans toute sa splendeur. Les mausolées du Soliman le Magnifique et de sa femme Hürrem Sultane (Roxelane) se situent dans la cour orientale. La nef centrale de la mosquée

## *La Mosquée Süleymaniye*

La mosquée Süleymaniye est le plus important et le plus grand édifice de la ville. La beauté de son architecture, les proportions idéales et attirantes du style fascineront le spectateur. Cette mosquée est un chef-d'œuvre de l'architecture du XVIème siècle qui marque à tout point de vue une période d'épanouissement et de progrès pour l'Empire Ottoman. Parmi les 36 sultans ottomans, Soliman le Magnifique est celui qui, avec ses 47 ans de règne, est resté le plus longtemps au pouvoir. Ce sultan bien connu avait confié au plus célèbre architecte, Sinan, la construction de cette mosquée qui allait porter son nom. Cette grande construction fut élevée entre 1550-1557 par l'ar-

*Détail de l'intérieur de la Mosquée de Soliman le Magnifique.*

*La Mosquée de Soliman le Magnifique.*

avec ses quatre minarets est surmontée d'une grande coupole. L'entrée principale de la mosquée s'ouvre sur un parvis intérieur entouré de balustrades et au milieu d'une fontaine aux ablutions. L'unité, la clarté, la décoration mesurée de l'architecture intérieure renforcent l'aspect majestueux de cet édifice. Le tambour de la coupole est de 26m 50 de diamètre et sa hauteur sous la clée est de 53 m. Cette clef est supportée par quatre gros arcs soutenus par d'énormes piliers dits "pattes d'éléphant".

Tous les éléments de la nef sont en parfaite harmonie, l'équi-

← *Vue extérieure de la Mosquée de Soliman le Magnifique*

*Vue intérieure de la mosquée.*

libre de l'édifice du point de vue statique est irréprochable. D'ailleurs, les tremblements de terre qui secouèrent la ville depuis la construction ne causèrent aucune fissure à cette mosquée. Le tambour de la coupole a été décoré au siècle dernier dans un style d'influence baroque. Le tapis tissé à la main est le seul à avoir un dessin avec un mihrab; il a été placé ici en 1960.

A l'intérieur, ce qui attire le plus le regard, ce sont les vitraux ornés de motifs turcs multicolores très originaux datant du XVIème siècle, placés sur le mur du "mihrab".

A côté de la galerie de prière très simplement décorée et du "Minber" se trouve le "Mihrab" sculpté également en marbre dont les deux côtés de l'escalier sont ornés de faïences originales. Les murs sont ornés par certains versets du Coran qui sont un très bel exemple de la calligraphie turque. Les galeries des femmes se trouvent sur les murs latéraux de l'entrée. Sur celui de droite, une grille de séparation en cuivre est un bel exemple de l'orfèvrerie turque du XVIIIème siècle.

A droite de la mosquée, dans le parvis, s'élèvent les grands "tombeaux" du sultan Soliman et de sa femme Roxelane. Tout près, s'étend le cimetière de personnages illustres.

*La Nouvelle Mosquée.*

*Détail intérieur de la Nouvelle Mosquée.*

## *Yeni Cami*

C'est la dernière des mosquées impériales de style classique. C'est un édifice que l'on a constamment sous les yeux, étant donné qu'il est situé tout près du pont de Galata à circulation intense, et face aux embarcadères encombrés à toute heure. Cette mosquée fut commencée en 1598 sur l'ordre de Safiye Sultan, mère de Mehmet III, mais les travaux furent interrompus à la mort du sultan en 1603. L'architecte est Davut Ağa, un disciple de Sinan. La mère de Mehmet IV, Valide Turhan Sultan, la fit achever en 1664. Du grand ensemble de dépendances qui entourait cette mosquée, il ne reste que quelques bâtiments: un grand marché (Marché aux Epices ou Marché Egyğtien) couvert, des tombes et une magnifique fontaine. La loge impériale de la mosquée

Verdi
2010
KÖPRÜLER
KURMA YILI

*Le Pont de Galata et Eminönü.*

a été restaurée ces dernières années et ouverte aux visiteurs. Parmi une centaine de magasins du Marché aux Epices il y en a un bon nombre qui continuent encore à vendre des épices tandis que les autres magasins exercent d'autres métiers. Les magasins de fruits secs et les charcuteries sont connus. Les magasins qui donnent sur les rues latérales vendent des poissons, des fromages, des olives.

*L'entrée du Marché Egyptien et vues intérieures.*

# *La Corne d'Or (Haliç)*

Tout au long de son histoire, le développement de la ville d'Istanbul doit beaucoup à la Corne d'Or, merveilleux port naturel. Cette baie étroite (sa plus grande largeur est de 550 m.) sépare en 2 la partie européenne de la ville. La Corne d'Or ainsi nommée autrefois en raison de sa forme, de sa richesse en poissons, de la beauté

de ses rives, s'allonge sur 8 km environ, depuis la pointe du Sérail où elle se termine, à l'entrée de la vallée des Eaux-Douces d'Europe où descendent 2 petites rivières. Ce port naturel est très sûr, car il n'y a ni marée ni courant. Il a été utilisé dès la fondation de la ville. De nos jours 3 ponts enjambent la Corne d'Or. Le plus ancien des 3, le pont de Galata (1912) a été remplacé par un nouveau pont plus large et plus moderne, actuellement en service. A l'époque de Byzance un système de chaînes mobiles pouvait empêcher l'accès de la Corne d'Or aux flottes ennemies. A l'entrée de la Corne d'Or, de part et d'autre du pont de Galata, on peut observer un incessant trafic maritime. C'est là que jettent l'ancre les paquebots chargés de groupes de touristes en croisière, ainsi que les vapeurs et les over-carfts rapides assurant la liaison avec les îles et entre les 2 côtes de la ville. Tout en déambulant sur le pont de Galata encombré de voitures et d'une foule grouillante, on admirera la vue sur le vieil Istanbul, qui est de toute beauté. Au premier plan s'alignent un arsenal, rattaché au palais de Topkapı, le pavillon des Vanniers, la gare de Sirkeci datant de 1890, station terminus du chemin de fer d'Europe, la Yeni Valide Camii (Nouvelle Mosquée) et le Marché Egyptien. Plus loin, des arsenaux, ateliers, fabriques se

*La Corne d'or.*

HAS BÜRO

*Le Pont de Galata et Karaköy.*

*L'église Bulgare, les rives de la Corne d'or.*

sont développés sur les rives de la Corne d'Or à un point tel que dès 1960 ils ont provoqué la pollution des eaux et l'enlaidissement du paysage. Depuis 1983 une campagne d'assainissement a été entreprise par la mairie d'Istanbul et en 4 ans, plus de 4.000 bâtiments et ateliers ont été impitoyablement détruits pour être remplacés, sur les 2 rives, par des parcs. L'Université Kadir Has près du Pont d'Atatürk sur la Corne d'Or a son siège dans une ancienne usine de tabac restauré dont une salle est consacrée au Musée Rezan Has. Les vestiges d'une citerne byzantine et d'un bain turc font partie du musée utilisé aussi pour des expositions.

Les promenades en bateau sur la Corne d'Or retrouveront peut être alors leur charme d'antan. Continuons notre flânerie: après le deuxième pont Atatürk, on remarquera une intéressante église rattachée à l'église bulgare dont les armatures de fer ont été fabriquées à Vienne et montées ici, le 3ème pont est le "Pont Haliç" le plus moderne qui est le point de section de la route internationale avec les ponts suspendus du Bosphore reliant l'Occident et l'Asie. Plus loin, parmi ce qui reste des murailles anciennes et des vieux quartiers, à Kasımpaşa, un grand kiosque du XIX$^{ème}$ siècle sert de quartier général de la marine; un peu plus loin le pavillon d'"Aynalı Kavak".

## *La Grande Mosquée d'Eyüp*

Ce quartier, d'une importance particulière dans le monde turc et musulman, doit son nom au porte-étendard du Prophète, Eyüp El Ensari, qui y aurait trouvé la mort au VIII$^{ème}$ siècle lors du siège de la ville par les Arabes. Sa tombe ayant été retrouvée par les armées du sultan Mehmet II le Conquérant lors du siège de Constantinople, décida d'y faire construire un türbe (tombeau) et une somptueuse mosquée, la première grande mosquée construite à Istanbul. Cette mosquée fut complètement détruite au XVIII$^{ème}$ siècle à la suite d'un tremblement de terre. Elle a été reconstruite en 1800 dans le style baroque de l'époque et l'espace intérieur est constitué d'un polygone inscrit dans un carré dont la coupole est entourée de 8 demi-coupoles. Le tombeau d'Eyüp, dans la cour de la mosquée, est l'objet d'une grande vénération de la part des musulmans pieux qui s'y rendent en foule en particulier les vendredis et les jours de fêtes religieuses. La mosquée, le tombeau, les arbres centenaires, les nuées de pigeons, les fidèles en prière, laissent une impression curieuse, tout à la fois d'agitation et

*La visite de mausolée.*

→ *La Mosquée d'Eyup Sultan.*

*La Corne d'Or à partir de la colline de Pierre Loti.*

de calme mystique. La colline dominant la grande mosquée d'Eyüp est recouverte de cimetières. C'est là également que se trouve le café "Piyerloti" d'où l'écrivain, le poète, l'officier, l'amoureux d'Istanbul et l'ami de la Turquie, Pierre Loti, avait l'habitude de s'absorber dans la contemplation de la Corne d'Or et d'y puiser son inspiration. Une ligne de téléférique facilite l'accès au sommet.

Le seul bâtiment survécu de l'ancien grand palais du XVIII$^{ème}$ siècle situé sur la rive nord de la Corne d'Or, le Pavillon Aynalıkavak sert actuellement de lieu d'exposition d'instruments de musique. Dans le même quartier se trouve le Musée d'Industrie Rahmi Koç.

*Le café historique de Pierre Loti.*

*Le Musée de Kariye.*

# Saint-Sauveur-in-Chora-Le Musée Kariye

A l'origine le mot chora signifiait: dans les champs, à l'extérieur de la ville. On pense donc que le nom de l'église actuelle viendrait de ce qu'elle a été précédée par une petite église beaucoup plus ancienne, construite au Vème siècle sur le même emplacement, qui, à cette époque, se trouvait hors des murailles de Constantinople. Les bâtiments que nous voyons aujourd'hui datent du XIème et du XIVème siècles. Aussi bien par son architecture extérieure dynamique que par sa décoration intérieure de mosaïques et de fresques, elle compte parmi les plus grands chefs-d'œuvre de la “Renaissance Byzantine”. Cette décoration intérieure a été réalisée au XIVème siècle sur les ordres de Théodore Métochite, tout comme les adjonctions. Les deux narthex sont décorés de mosaïques décrivant suivant l'ordre chronologique et conformément à l'Evangile, la vie de la Vierge Marie et de Jésus. La chapelle annexe, située sur le côté S. de l'église, est décorée de fresques représentant des sujets religieux. Au milieu de ces sujets figurent des portraits de personnages importants de l'Eglise et du Palais.

Au début du XVIème siècle l'église fut transformée en mosquée, à la suite de quoi les fresques et les mosaïques furent masquées

→ *Mosaïque*

par endroit sous un crêpi de chaux. A partir de 1950 l'Institut Byzantin Américain a procédé à leur nettoyage et à leur restauration.

Etant situés dans le voisinage des palais impériaux, le monastère et l'église de Saint Sauveur-in-Chora gagnèrent progressivement de l'importance. C'est pour cela que, malgré les conditions matérielles très difficiles qui régnaient au XIVème siècle, la décoration des bâtiments a pu être réalisée avec le plus grand soin et le plus grand luxe par les meilleurs artistes de l'époque.

←

*Jésus, mosaïque .*

*Une scène de mosaïque*

→

*Le Musée de Kariye et Marie avec l'Enfant Jésus sur ses genoux.*

ΜΡ
ΘΥ

*Les remparts de la ville.*

# *Les Remparts de la Ville*

Les remparts terrestres de l'ouest de la ville qui s'étendent de la Corne d'Or jusqu'à la Mer de Marmara sont construits au Vème siècle ap JC par Théodose II à l'époque de l'Empire Romain. Les remparts en bord de mer et les rives de la Corne d'Or sont d'une seule rangée de 16 km de longueur. Les remparts terrestres sont d'environs 6 km de longs.

C'est un système de défense à trois rangées formé en grande partie de muraille principale avec 96 tours, de murailles secondaires avec 108 tours et d'un fossé. Elles constituent un bel exemple de l'architecture militaire de Rome classique d'un aspect impressionnant avec les couleurs des pierres blanches entre lesquelles sont parsemées des briques. La partie depuis la Corne d'Or jusqu'à la première colline est constituée de murailles d'une seule rangée du IX$^{ème}$ siècle.

La plupart des portes d'origine ont atteint nos jours. Une partie des remparts sont restaurés avec l'aide de l'Unesco et de la Municipalité.

*La Tour de Galata.*

# *La Tour de Galata*

C'est l'un des symboles de la ville. Elle domine le quartier du même nom et a été construite au XIVème siècle comme tour de guet; de cette tour on peut jouir d'une remarquable vue panoramique sur la ville, l'entrée du Bosphore, la mer de Marmara et la Corne d'Or. Les parties supérieures de la tour sont des ajouts de la période turque; elle a été longtemps utilisée comme un poste de guet pour les veilleurs chargés de signaler les incendies. Le cône supérieur de la tour a été restauré en 1969 et elle a ainsi retrouvé l'aspect qui était le sien au début du XIXème siècle. Un restaurant et un night club doté d'un balcon circulaire occupent les 2 étages supérieurs de la tour.

*La distraction sur la Tour de Galata*

## *Le Musée de Pera*

Un autre musée de culture et d'art des membres de la famille Koç. Ce musée ouvert en 2005 se trouve dans un bâtiment restauré du XIXème siècle. Des porcelaines de Kütahya, des objets de mesures et de poids d'Anatolie et des tableaux privés y sont exposés. Le tableau le plus connu du musée qui possède 3 galeries et un auditorium est l'ouvre du XIXème siècle d'Osman Hamdi Bey "Le Dresseur de Tortue".

*Le Musée Péra.*

*Le Musée Péra.*

## *Le Musée Istanbul Moderne*

Ce musée où sont exposés les diverses sortes de branches d'arts est situé dans un entrepôt du quai de Tophane. Deux étages sont réservés pour des expositions. Il comprend également un restaurant avec paysage de Bosphore et du Palais de Topkapi, une librairie, un cinéma et une bibliothèque.

*Le Musée des Arts Modernes d'Istanbul.*

## *Beyoğlu*

Entre les rives de la Corne d'Ort et la colline de Beyoğlu se trouve la place de Karaköy avec l'entrée du "Tünel", l'un des premiers "métros" d'Europe (1880). Ce métro qui existe encore actuellement, est toujours le métro le plus court du monde. La colline de Beyoğlu qui commence à l'autre bout du "Tünel" s'étend jusqu'à la place de Taksim par delà l'avenue Istiklal, où un tramway "nostalgique" fait la navette entre les 2 points. C'est depuis le XVI$^{ème}$ siècle le quartier des ambassades et des minorités. A l'extrémité de l'Istiklal, près du "Tünel", on pourra visiter un ancien tekke (couvent) des derviches tourneurs, le "Galata Mevlevihane" transformé en musée celui de la Littérature Ottomane (Divan Edebiyatı Müzesi). Il abrite une intéressante collection d'instruments de musique. Les anciens bâtiments des ambassades qui ont été transférées à Ankara lors de la proclamation de la République, abritent souvent les consulats. L'avenue Istiklal avec ses magasins, ses théâtres, ses cinémas et sa vie nocturne animée est l'artère principale d'Istanbul. Elle a toutefois perdu beaucoup de son cachet ces dernières années. Des travaux de réaménagement des quartiers environnants et une réorganisation de la circulation ont permi de lui redonner son ancien éclat "nostalgique".

Tout le long de cette avenue, dans les jardins en pente ayant vue sur le Bosphore, on remarquera des églises catholiques encore ou-

*Le Passage aux Fleurs célèbre pour ses restaurants .*

vertes au culte. A mi-chemin entre Tünel et Taksim se trouve la petite place de Galatasaray avec le célèbre lycée du même nom, qui enseigne en français et, lui faisant face, le “Çiçek Pasajı”, (passage des fleurs) célèbre par ses petits restaurants où l'on boit du “rakı” à la “bonne franquette”. La rue bordant le “Çiçek Pasajı” connue sous le nom de Marché aux Poissons est un marché pittoresque où il est certain de trouver des poissons, des légumes et des fruits de qualité. La rue parallèle à ce passage est un quartier très coloré de poissonneries, vendeurs de fruits et de légumes. La rue Nevizade avec des restaurants à proximité est très connue et fréquentée.

## *Taksim*

La Place de Taksim entourée du Centre Culturel Atatürk au nord et d’hôtels de cinq étoiles est considérée le centre d’Istanbul. Le centre de la Place est occupé par un joli monument dédié à Atatürk. La citerne et de distribution d’eau du XIXème siècle, située juste en face, a été transformée en 2009 en un centre d’exposition d’art et de culture. L’avenue Cumhuriyet Caddesi, continue jusqu’au quartier de Şişli. Sur ce parcours se trouvent de nombreuses agences de voyages, la maison de la radio, maison d’hôte et le musée militaires. Un peu plus loin, on trouve les boutiques d’habillements et de chaussures et de produits similaires. Les boutiques de Nişantaşı sont reconnues par leur

*La Place Taksim, le Monument d’Atatürk.*

Le Musée Militaire.

bonne qualité. Le métropolitain relie Taksim à Etiler et Levent et plus au nord, à Ayazpasa et aux centres commerciaux. Ceux qui arrivent au quai de Kabataş par voie maritime et les passagers de tramway peuvent atteindre Taksim rapidement grâce au nouveau funiculaire (tunnel). La traversée de la Corne d'Or qui fait suite à Taksim-Şişhane, la ligne de métro de la Presqu'île Historique sont en construction.

## *Le Musée de l'Armée*

C'est un des plus importants musées militaires du monde. Il est installé dans deux grands bâtiments situés dans le jardin du Foyer de l'Armée, non loin de l'Hôtel Hilton.

La Fanfare Militaire Ottomane (Mehter).

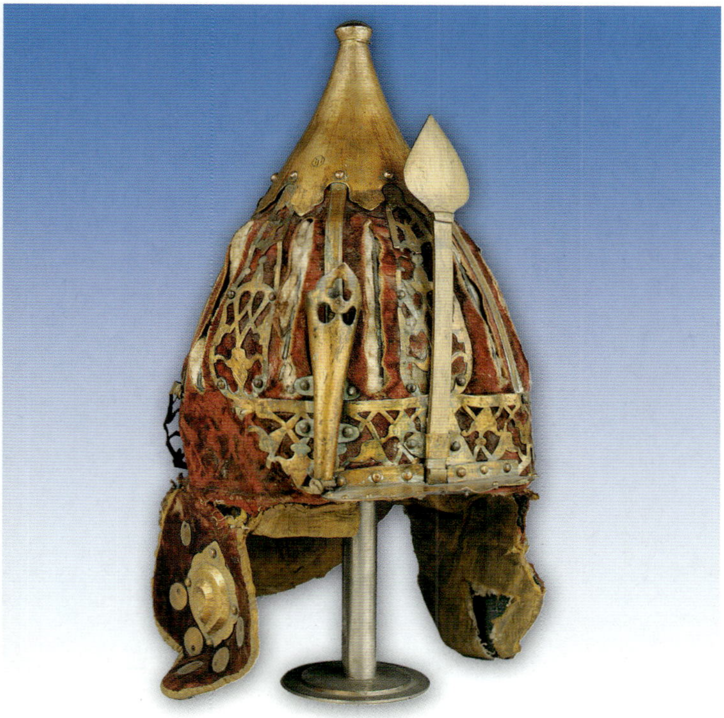

Dans le bâtiment le plus ancien, qui comporte deux étages, sont exposés dans 22 salles les costumes militaires, les armes et autres instruments utilisés par l'armée turque à partir de l'époque ottomane. Le second bâtiment, de construction récente, abrite des tentes et des dais. La conquête d'Istanbul est représentée sur un grand panneau.

## *La Fanfare Militaire Ottomane (Mehter)*

La fanfare officielle des armées de terre de l'Empire Ottoman, s'appelait mehter. Composée de plusieurs centaines de personnes, elle se plaçait en tête de l'armée et avançait selon un rythme très particulier. Lors des batailles et des sièges, elle jouait des marches entraînantes, incitant au combat. De nos jours, cette fanfare militaire, qui est la plus ancienne du monde, joue de la même façon qu'autrefois à l'occasion de cérémonies et de concerts, ainsi que certains jours de la semaine, devant le Musée Militaire.

## *Le Musée de la Peinture et de la Sculpture*

Le Musée de la Peinture et de la Sculpture possède des œuvres de peintres turcs, exécutées à partir du XIXème siècle jusqu'à nos jours. On peut voir une collection de 2.500 tableaux originaux, 250 reproductions et 400 sculptures environ. L'entrée du musée se trouve du côté du quartier Beşiktaş.

## *Le Musée de la Marine*

Ce musée se trouve à Beşiktaş, au bord du Bosphore, à côté du parc où s'élèvent la tombe et la statue du célèbre amiral turc du XVIème siècle, Barberousse. Il possède une intéressante collection d'objets, dont certains sont exposés dans le jardin, et tout un ensemble de caïques exposés dans un vaste hall construit à cet effet. Dans les salles du bâtiment sur deux étages, on peut voir des maquettes de bateau, des éléments du yacht d'Atatürk, des instruments de navigation anciens.

Des tableaux commémorant des évènements anciens sont accrochés aux murs. A l'étage supérieur, sont exposés des armes, des canons et des drapeaux, ainsi que des costumes et uniformes de la marine, de différentes époques. Dans le sous-sol du musée, on peut voir des pièces ayant appartenu à des bateaux de la flotte turque des dernières décennies, ainsi que des torpilles.

*La barque impériale, le musée de la marine.*

ÇAMLITEPE (DERBENT)
TARABYA-FERAHEVLER
SARIYER
BOĞAZİÇİ
BEYKOZ PIER
PAŞABAHÇE PIER
YENİKÖY PIER
YENİKÖY
İSTİNYE SEA BUS PIER
İSTİNYE PIER
PIER
DARÜŞAFAKA
POLİGON
İSTİNYE
PINAR
SANAYİ
MASLAK AYAZAĞA YOLU
ŞİŞLİ BÜYÜKDERE C
MASLAK C
REŞİTPAŞA
MASLAK
ISTANBUL TECHNICAL UNIVERSITY
EMİRGAN PIER
EMİRGAN
KANLICA PIER
KANLICA
ÇUBUKLU
RIFAT PAŞA
TEM OTOYOLU
BALTA LİMANI
FATİH SULTAN MEHMET
FATİH SULTAN MEHMET BRIDGE
KAVACIK ÇİFTLİĞİ YOLU
KAVACIK
ANADOLU HİSARI
RUMELİ HİSARI PIER
RUMELİ FORTRESS
AYŞE SULTAN GROVE
ETİLER
AKATLAR
LEVENT
ORTABAYIR
BEŞİKTAŞ
BEBEK
BEBEK PIER
KANDİLLİ PIER
CEMETERY
GÖZTEPE
GÖKSU GÖZTEPE YOLU
KANDİLLİ
KÜÇÜKSU
GÖKSU
ESENTEPE
NİSPETİYE
KÜLTÜR
ARNAVUTKÖY
ARNAVUTKÖY PIER
VANİKÖY PIER
VANİKÖY
ÇEVRE YOLU
ULUS
LEVAZIM
GAYRETTEPE
EMEK
ORTAKÖY
KULELİ
BAHÇELİEVLER
DİKİLİTAŞ
BALMUMCU
MECİDİYE
ÇENGELKÖY PIER
YILDIZ PARK
CİHANNÜMA
CONRAD HOTEL
YILDIZ
BOĞAZİÇİ BRIDGE
BEYLERBEYİ PIER
HAVUZBAŞI
GÜZELTEPE
BEYLERBEYİ PALACE
KİRAZLITEPE
MEHMET AKİF ERSOY
YAVUZTÜRK
BEŞİKTAŞ SEA BUS PIER
BEŞİKTAŞ PIER
DOLMABAHÇE PALACE
KUZGUNCUK PIER
ABDULLAHAĞA
KÜPLÜCE
HASİPPAŞA
KAZIM KA
FETHİPAŞA GROVE
KUZGUNCUK
FERAH
ÜSKÜDAR
HACIESNA HATUN
SELMANAĞA
İCİYE
KUZGUNCUK PIER

# *Le Bosphore (Boğaziçi)*

Le Bosphore, qui offre l'un des plus beaux passages du monde, est un détroit séparant 2 continents, l'Europe et l'Asie. Il relie la Mer de Marmara à la Mer Noire, de même que le détroit des Dardanelles qui lui fait pendant au Sud, relie la Mer de Marmara à la Mer Egée. Sur les rives de ce bras de mer de 30 km de long qui ressemble à un large fleuve serpentant parmi des collines verdoyantes, se succèdent plages, restaurants, palais, mosquées et "yalı" (maison en bois caractéristique, datant pour la plupart de la fin du XVIIème siècle et du début du XVIIIème siècle). Le Bosphore, d'une somptueuse beauté en toute saison, est encore plus émouvant au printemps quand le rose des arbres de Judée en fleurs se détache sur le vert des feuillages. Le Bosphore aussi a toujours été d'une grande importance stratégique. Les 2 forteresses qui se font face sur les 2 rives et d'autres forts plus anciens bâtis sur les collines au débouché de la Mer Noire en témoignent, le fait. C'est à l'embouchure sur la Mer de Marmara que l'on jouit de la vue la plus belle sur la vieille ville. Deux grands ponts suspendus relient les 2 côtes du Bosphore.

Le premier date de 1973 et une longueur de 1.074 m. entre les piliers. Quant au deuxième, le Pont Fatih Sultan Mehmet, il est entré en service en 1988. Ce n'est qu'en avion que l'on réalise vraiment qu'il s'agit ici d'un passage entre 2 mers. Certes, cette "vallée

fluviale" est sans équivalent. Les eaux peu salées de la Mer Noire s'écoulent doucement vers la Mer de Marmara au Sud.

En profondeur, il existe un deuxième courant en sens contraire. Jusqu'à la fin du siècle dernier, à cause de ce courant très fort et du manque de routes, les rives du Bosphore n'ont été que peu habitées. On y trouvait quelques villages, des palais appartenant au sultan, les yalı de riches familles et à partir du XIX$^{ème}$ siècle les résidences d'été de certaines ambassades.

Le Bosphore, qui pendant la période glaciaire était une vallée fluviale, possède aussi une riche flore sous-marine. D'une profondeur moyenne de 50 m, la plus grande profondeur est de 112 m il est célèbre aussi pour ses poissons dont la saveur est incomparable pendant la saison des migrations. Son nom, "Boğa geçidi" le détroit "du taureau" prend son origine dans la mythologie. Comme c'est un passage facile entre l'Europe et l'Asie, il a permis la fusion des civilisations et le développement du commerce. Le Bosphore et son prolongement la Corne d'Or ainsi que la ville elle-même, ont retenu l'attention du monde depuis près de 2.500 ans. Au cours des siècles de nombreuses guerres, migrations, invasions se sont faites par ce détroit. Les argonautes seraient les premiers à avoir emprunté cette voie durant leur expédition vers la Mer Noire.

*La Pavillon de Çadır, Parc de Yıldız.*

## *Le Palais de Yıldız et son parc*

Les larges collines et les vallées qui délimitent les quartiers de Beşiktaş et d'Ortaköy constituent un agréable espace où sont situés le bâtiment et les jardins du Palais de Yıldız et ses cours intérieures. Par la route qui monte vers le parc derrière l'ancien palais côtier de Çırağan, on atteint les pavillons du palais qui servent de café et de restaurant dans les jardins ouverts au public. La fabrique de porcelaines de Yıldız se trouve dans ce secteur. Le seul pavillon conservé comme à l'origine, le joli Şale Köşkü est un musée. Les autres bâtiments du palais que l'on peut rejoindre par Beşiktaş servent pour diverses fonctions. La grande partie forme le Campus de l'Université Technique de Yıldız. L'ancien arsenal près de bâtiment de Grand Mabeyin est utilisé pour des réunions et des cérémonies pendant que le bâtiment d'en face sert de Şehir Müzesi (Musée de la Ville). Le petit théâtre du palais à galeries situé dans la cour latérale est sublime.

## *La Tour de Léandre*

D'après la légende, Léandre se noya dans le Bosphore alors qu'il essayait de rejoindre Héro sa bien-aimée qui l'attendait sur l'autre rive. En fait, Léandre aurait péri dans le détroit des Dardanelles. La petite tour datant du XIX$^{ème}$ siècle, plus connue en turc sous le nom de "Tour de la Jeune

*Üsküdar (Scutari) .*

Fille", bâtie sur un îlot en face d'Üsküdar rappelle cet épisode. Elle est devenue l'un des symboles d'Istanbul. Elle a été utilisée aussi bien comme tour de guet, de douane, que de phare. Pour les bateaux qui pénètrent dans le Bosphore elle constitue un précieux point de repère.

## Üsküdar

En face de la tour de Léandre, sur la rive asiatique du Bosphore, s'étend l'important faubourg d'Üsküdar, l'ancienne Chrysopolis. Dans le passé, c'était le port idéal qui reliat l'Asie à l'Europe. Avant la construction du pont sur le Bosphore c'est de là qu'on passait le plus facilement d'un côté à l'autre. Les ferries-boat assurant la liaison entre Üsküdar et Kabataş accostent sur la grande place du débarcadère d'Üsküdar. Le tunnel sous marin qui relie Üsküdar à la rive européenne sera opérationnel à partir de 2012 pour les trains. Là, se trouvent des mosquées du XVIème siècle et une fontaine monumentale. Un peu plus loin, au bord du Bosphore la petite mosquée de Şemsi Pacha et le madrasa attenant, œuvres du grand architecte Sinan, qui sont de beaux exemples de l'art ottoman.

*La colline de Çamlıca.*

## Promenade Sur Les Rives du Bosphore

Pour une promenade sur le Bosphore nous vous conseillons de prendre les "vapeur", bateaux ré-

*Le Bosphore et le Lycée Militaire à partir de Beylerbeyi.*

guliers qui partent de la place d'Eminönü ou de louer les petits bateaux appartenant souvent à certains hôtels ou agences de voyage. La promenade se fait en direction de la Mer Noire, en "zigzag", avec une halte alternative sur la côte d'Europe à gauche et une station sur la côte d'Asie à droite.

A l'entrée du Bosphore vous remarquerez la tour de Léandre et Üsküdar sur la côte asiatique, en face, sur la côte européenne, le palais de Dolmabahçe et, sur les collines à l'arrière plan, les silhouettes des grands hôtels à 5 étoiles, Etap, Sheraton, Hilton, Swiss, etc. Au-delà des ruines du palais de Çırağan vous admirerez le pont suspendu "Boğaziçi" qui, sur une longueur de 1074 m relie les 2 continents. Au pied du pont, sur la rive européenne, notez la mosquée d'Ortaköy et, sur la rive asiatique, le palais de Beylerbeyi. Vous aurez une belle vue sur le pont du Bosphore à partir de la "Villa Bosphorus" située à côté du palais de Beylerbeyi. Elle constitue, lors des promenades en bateau, une halte agréable permettant d'allier la détente et les achats. Tout le long des rives où dominent toutes les nuances de vert, se succèdent des maisons en bois traditionnelles (yalı) et, de plus en plus nombreuses, des constructions neuves en béton.

*La Palais de Çırağan.*

Sur la côte asiatique, après le pont "Boğaziçi" on remarquera un grand bâtiment datant du XIX$^{ème}$ siècle, le célèbre lycée militaire de Kuleli ("aux Tours")

*Le Palais de Dolmabahçe.*

et en face, à Bebek, une résidence intéressante, propriété du consulat d'Egypte.

## *Le Palais de Dolmabahçe*

Le palais de Dolmabahçe a été construit entre les années 1843 et 1856 par l'architecte du sultan Abdülmecit, Karabet Balyan. Il est de style composite, présentant un amalgame de styles européens. De tous temps, il existait de nombreux palais appartenant aux sultans, mais le palais officiel était celui de Topkapı. Ce dernier fut abandonné, lorsque le palais de Dolmabahçe fut achevé. Le palais de Dolmabahçe est bâti sur un plan symétrique. Il se compose de trois corps de bâtiments à un étage, dont la partie centrale est flanquée de deux ailes adjacentes, plus basses. Il comporte 43 salons et 285 chambres. Il s'étend le long du Bosphore, bordé d'un quai de 600 m. de long. Sur les autres côtés, il possède deux portes monumentales, dont l'une est particulièrement ornée, et se situe au milieu d'un grand jardin bien entretenu. La partie centrale du palais, plus haute que le reste de l'édifice, abrite une immense salle de réception et de bal. L'aile située du côté de l'entrée du musée était réservée aux réceptions et aux entrevues officielles, alors que l'autre aile abritait le harem.

*Le Palais de Dolmabahçe.*

*L'une des salles du Palais de Dolmabahçe.*

La décoration intérieure, le mobilier, les tapis et les rideaux de soie et autres objets nous sont parvenus en parfait état, tels qu'ils étaient à l'origine. Il n'y a pas dans le monde un autre palais aussi riche et somptueux que celui de Dolmabahçe. Les murs et les plafonds sont décorés de peintures européennes et de tonnes de dorure. Dans les salons et autres pièces importantes, tout le décor est du même ton, et le sol recouvert de parquets somptueux, tous différents. Partout s'étalent de magnifiques tapis de soie d'Hereke ou de laine, qui sont parmi les plus beaux spécimens du tapis turc. De nombreux objets d'art provenant d'Europe ou d'Extrême-Orient ornent le palais en maints endroits. On y voit également des lustres de cristal éblouissants, des

chandeliers et des cheminées, dans bon nombre de pièces. Parmi les 6 hammams du palais, celui qui était réservé au sultan est d'une richesse incroyable, exécuté en d'albâtre sculpté. La salle de bal est la plus grande qui puisse se trouver dans tous les palais du monde. Elle est couverte d'une coupole, qui s'élève à 36 m. au-dessus du sol, à laquelle est suspendu un gigantesque lustre en cristal pesant 4.5 tonnes. Ce salon qui était utilisé pour les réceptions, les congrès et les bals, était chauffé auparavant par une sorte de four situé en-dessous du sol. Ce n'est que plus tard que l'on a ajouté le chauffage central et l'électricité. Les galeries supérieures étaient réservées à l'orchestre ou aux diplomates.

Par de longs couloirs, on parvient à la partie du harem, où se trouvent les appartements du sultan, de sa mère, de ses femmes et du personnel à leur service. Dans les longs couloirs qui mènent au harem, il y a une succession de portes peu espacées et très solides. Une partie de la collection de tableaux à l'huile du palais, qui comporte plus de 600 œuvres, est accrochée dans ces couloirs. La quatrième et dernière partie du

*Le Palais de Beylerbeyi.*

harem abritait les appartements du prince héritier.

## *Le Palais de Beylerbeyi*

Sur l'emplacement d'une résidence en bois, on édifia entre les années 1861 et 1865 le palais de Beylerbeyi. Cet édifice de style composite, où se mêlent des influences occidentales et des motifs turcs et orientaux, comprenaient deux parties principales, à savoir le Harem et le Selamlık (pièce de réception réservée aux hommes). Ce bâtiment à deux étages comprend 6 salons et 26 chambres. Aux deux extrémités du quai qui le borde, s'élèvent deux petits kiosques, qui servaient de pavillons de repos. L'espace situé derrière le palais a été aménagé en terrasses, avec des jardins et des bassins. Il s'y trouve également un bel exemple d'écuries et, à côté, deux pavillons de construction plus ancienne. L'ensemble des jardins est tout à fait remarquable. Les façades du palais sont en marbre, richement ornées de sculptures. La partie centrale de l'édifice, qui comporte un grand salon avec un bassin auquel on accède par un escalier tournant est un exemple typique du mélange de styles qui règne sur toute l'architecture de ce bâtiment. A l'époque de sa splendeur, ce palais était réservé aux hôtes princiers venant de l'étranger ou bien était habité pendant les mois d'été. Il nous est parvenu tel quel sans subir aucun changement.

← *La Salle des Cérémonies.*

*Détail de la salle.*

## *Rumeli Hisarı*

Le château de Rumeli Hisarı a été construit en 1452 par le Sultan Mehmet II, dans le temps incroyablement court de 4 mois. Certes, Constantinople avait déjà subi bien des sièges avant celui des armées de Mehmet II en 1453, mais les murailles qui entouraient la ville, d'époque romaine, étaient suffisantes jusqu'à cette date pour arrêter l'ennemi. Durant ces sièges souvent très longs, tous les besoins de la ville avaient été assurés par voie de mer. Le château de Rumeli Hisarı a été construit sur la côte européenne du Bosphore, en face d'un autre château turc qui lui est antérieur sur la côte asiatique, dans le but de faire obstacle aux troupes qui pourraient, par la Mer

*Le Château de Rumeli et le Pont de Mehmet le Conquérant.*

*Le Château d'Anadolu (rive asiatique).*

Noire, apporter aide et renfort à Byzance. Cette forteresse (Hisar), la plus imposante du Moyen-Age, a perdu son importance stratégique après la conquête de la ville en 1453. Bel exemple de l'architecture militaire classique ottomane, elle embellit le Bosphore. Restaurée dans les années 50, elle a alors été transformée en musée. L'intérieur de la forteresse est un merveilleux théâtre en plein air qui chaque année est mis à la disposition du traditionnel festival d'Istanbul. C'est de la rive asiatique qui fait face à Rumeli Hisarı que l'on pourra admirer le mieux, l'ensemble de la forteresse. Sur les collines qui la dominent s'étend le campus de l'Université du Bosphore. Cette université était à l'origine et jusqu'en 1967, un collège privé américain, "Robert College", un des premiers établissements américains fondés en dehors des Etats-Unis. L'école fut transformée en Université du Bosphore en 1971.

## *Anadolu Hisarı*

Sur la rive asiatique, on remarquera le palais de Küçüksu et le château d'Anadolu Hisarı. Ce château, plus modeste que celui de Rumeli Hisarı qui lui fait face, a été construit en 1390-91 par le Sultan Beyazıt qui comptait ainsi s'assurer le contrôle du Bosphore et préparer une conquête future de la ville. Impressionnant, en dépit de la route moderne qui passe en quelque sorte dans la forteresse même, le château s'élève en un point stratégique à l'embouchure d'une rivière. La forteresse est entourée de maisons traditionnelles en bois qui prennent appui sur ses murs mêmes. Au delà d'Anadolu Hisarı, Kanlıca est connu pour son délicieux yaourt et les petits cafés au bord du Bosphore. C'est à Kanlıca que se trouve, sur la côte asiatique, le pilier du deuxième pont suspendu sur le Bosphore, le "pont de Fatih Sultan Mehmet".

## *Le Musée de Sakıp Sabancı*

Le pavillon Atlı Köşk, situé sur une colline dans le quartier d'Emirgân sert désormais de musée. Le Musée de Sakıp Sabancı et la galerie rajoutée constituent un arrêt des excursions sur le Bosphore. Les firmans (décrets) des sultans de la riche collection de famille, des tableaux et des antiquités sont exposés dans le pavillon.

## *Le Musée de Sadberk Hanım*

Au niveau de l'entrée de Sarıyer de la route côtière se trouve

*Les tulipes des jardins d'Emirgan.*

*Le Musée de Sakıp Sabancı.*

le premier musée de la famille Koç. Le premier bâtiment contient l'exposition ethnographique riche sur 3 étages. Des œuvres du quotidien de plusieurs centaines d'années de la Turquie y sont exposées. Le deuxième bâtiment présente chronologiquement les œuvres archéologiques rares du passé de la Turquie.

## *Sarıyer*

Le long de la route qui longe le rivage entre Tarabya et Sarıyer s'alignent les anciennes résidences d'été de certaines ambassades, des restaurants, des maisons de thé.

De Sarıyer on prendra plaisir à contempler le Bosphore débouchant sur la Mer Noire. En suivant cette route, qui à ce niveau s'éloigne de la plage, on pourra atteindre la forêt de Belgrade commençant sur les hauteurs de Büyükdere et la plage de Kilyos au bord de la Mer Noire.

Situé sur la rive européenne, à 25 km du centre d'Istanbul, là où le Bosphore rejoint la Mer Noire, Kilyos est un petit village dont les plages de sable s'étendent à perte de vue. Kilyos se situe audelà de Sarıyer, on peut également y arriver en traversant la forêt de Belgrade où plusieurs barrages disséminés alimentent en eau la ville d'Istanbul, pourront faire l'objet d'intéressantes excursions. En été, les plages de Kilyos attirent une foule de baigneurs; on y trouvera un bon motel et de nombreuses pensions.

*Sarıyer.*

*Le Musée de Sadberk Hanım à Sarıyer.*

## *Kadıköy*

Le quartier de Kadıköy est Chalkedon antique. Aucun reste historique n'a atteint notre époque.

On connait l'existence des monastères où avaient lieu des réunions de Consul d'église du début du christianisme. Très peu des pavillons et d'hôtels particuliers du siècle dernier ont subsisté. En face du quai maritime de Kadıköy se dresse la gare ferroviaire historique d'Haydarpaşa. Sur la colline suivante qui domine la mer se trouvent la Caserne de Selimiye et au bord de la mer, les établissements du port de commerce. Les constructions modernes, les jardins et les parcs, les vues paysagères sont riches. Ce quartier est connu par la longue Bağdat Caddesi (Avenue de Bagdad) plein de boutiques luxueux, des cafés colorés et animés, le quartier de Moda un point de vue des paysages environnants, la presqu'île de Fenerbahçe connu par sa plage et sa marina. Le vieux marché de Kadıköy est très coloré avec les poissonniers, les étalages de fruits et de légumes et des restaurants successifs. La promenade de bord de mer en direction des Îles des Princes est pleine de parcs et de plages. L'aéroport de Sabiha Gökçen, le deuxième de la ville se trouve à 30 km à l'est. De nombreux nouveaux hôtels de 4-5 étoiles sont en service dans la région.

## *Les Iles des Princes*

9 îles, petites et grandes, dans la Mer de Marmara forment les célèbres îles de Princes. Elles sont à une heure de bateau d'Istanbul ou à 30 minutes par catamarans rapides à partir du débarcadère de Kabataş. Ces iles d'une telle beauté, calmes, pleins de bois, sans voitures à moteur sont un phénomène offert à Istanbul par la nature.

On sait qu'à l'époque byzantine on y construisit un grand nombre de monastères et qu'elles servaient de lieu de plaisance ou d'exil. A Heybeli, la deuxième des grandes îles, dans la cour de l'Ecole Navale,

*Le marché aux poissons à Kadıköy.*

se trouve encore une petite église byzantine dédiée à la Vierge, datant du XVI$^{ème}$ siècle. Avec la mise en service d'une ligne régulière de bateaux à vapeur la population des îles a vraiment augmenté. Les 4 îles les plus grandes, sont-tout à proximité d'Istanbul,-d'incomparables centres de villégiature et le but recherché d'agréables excursions. La population des îles, peu nombreuse en hiver, augmente beaucoup pendant la saison estivale, de mai à fin septembre. La liaison avec Istanbul se fait par les bateaux à vapeur typiques, les "vapeur", à horaire régulier. En été, surtout en fin de semaine, des voiliers, des yachts privés, jettent l'ancre dans les ports naturels des îles. Les résidences d'été des personnes aisées, des plages ouvertes au public, des endroits de pique-nique tout spécialement aménagés font le charme des îles. La circulation automobile y est interdite, on circule en voitures à cheval, curieusement appelées "payton - fiacre". De loin on remarque surtout des collines boisées; la population se regroupe en général sur les rivages du Nord des îles, en face de la partie asiatique d'Istanbul.

La première île que l'on aperçoit à la sortie du Bosphore, est la silhouette conique de l'île de "Hayırsız Ada" inhabitée. A côté se trouve la petite île de "Yassı Ada" elle aussi pratiquement inhabitée mise à part quelques bâtiments appartenant à la Marine. On projette de l'utiliser à des fins touristiques. La première des îles vraiment habitées est celle de "Kınalı". Elle possède une belle baie et ses rives sont des plages ouvertes au public. Les rives de l'île suivante, "Burgaz" sont en général couvertes de rochers. On y trouve des clubs de sports nautiques. Sur la place de l'île de "Heybeli" se trouvent les bâtiments de l'Ecole Navale. Deux belles criques ont été aménagées en plage. Un grand bâtiment appartenant à l'Eglise orthodoxe était autrefois une école de théologie. La petite île qui se trouve entre "Heybeli" et "Büyükada" est appelée "Kaşık Adası", (l'île de la cuillère) en raison de sa forme curieuse. C'est un bien privé. L'île de "Büyükada" est la plus célèbre et celle qui reçoit le plus de visiteurs. C'est aussi la plus grande des 9 îles. On pourra en faire le tour complet (env. 8 km) en "payton" en près d'une heure en passant devant les hôtels particuliers et à travers les bois. Elle possède 2 plages, dont l'une surtout est d'une incroyable beauté.

→ *L'Ile de Heybeli, Halki Palace.*

*Les Iles des Princes.*

## Kilyos

Ce charmant petit village sur les bords de la Mer Noire est réputé par ses plages qui s'étendent à perte de vue. Les forêts de Belgrade et de Sariyer se rejoignent aux frontières de Kilyos. La route forestière passe par des canaux et des barrages. Le village est à 25 km du centre ville et doté de nombreux hôtels, pensions et restaurants qui servent tout au long des mois d'été.

## Şile

Şile, est un joli village de vacances sur la rive asiatique des bords de la Mer Noire, à 50 km d'Üsküdar. La route à travers les forêts arrive juste sur la grande plage célèbre de Şile. Le petit refuge de pêcheurs, les ruines de la forteresse génoise et le phare célèbre méritent d'être visités. A l'ouest du village s'étend une succession de plages et à l'est de nombreuses criques sablonneuses. Les mois d'été de grande affluence sont très animés. Des hôtels de première classe et des pensions existent.

## Ağva

Deux routes à virages atteignent la mer à 25 km de Şile et arrivent, à travers les forêts et les vallées, à ce joli et unique village de vacances d'été. Ağva, est contourné de deux rivières vertes derrière sa plage. Les rives de la rivière à l'ouest sont couvertes de boutiques hôtels, restaurants et cafés colorés.

Cette rivière forme un petit estuaire. De petits bateaux de rivières naviguent à droite et à gauche sur la rivière toute verte. De nombreux jolis hôtels et de pensions existent dans le village. L'autre rivière, c'est à dire la rivière d'Ağva, possède une large entrée facilement atteignable par les bords de mer.

Ce lieu constitue un refuge pour les bateaux de pêcheurs au beau milieu du village.

C'est également un point de départ d'excursions pour les bateaux. A quelques km vers l'est se trouvent les rives de Kilimli qui est un petit charmant village avec des plages. Toutes ces villégiatures constituent des lieux de week-ends recherchés par les passionnés de nature de la grande métropole d'Istanbul.

*Le phare historique de Şile.*

| Les musées | Ouverture | Fermeture | Jours de fermeture |
|---|---|---|---|
| **La police de tourisme d'Istanbul** (0212 528 53 69) | | | |
| **La direction du Musée du Palais de Topkapı** (0212) 512 04 80-81 | 09:00 | 16:00 | Mardi |
| **La direction des Musées Archéologiques** (0212) 520 77 40-41 | 09:00 | 16:00 | Lundi |
| **La direction du Musée de Sainte Sophie** (0212) 522 89 09 | 09:30 | 16:30 | Lundi |
| **La direction du Musée des Œuvres Turco-Islamiques** (0212) 518 18 05-06 | 09:00 | 17:00 | Lundi |
| **La direction du Musée du Palais de Yıldız** (0212) 260 80 60 | 09:00 | 16:00 | Mardi |
| **La direction du Musée du Couvent des Derviches de Galata** (0212) 245 41 41 | 09:00 | 16:00 | Fermé pour travaux |
| **La direction du Musée des Citadelles** (0212) 263 53 05 | 09:00 | 16:00 | Mercredi |
| **La direction du Musée des Mausolées** (0212) 518 29 19 | 08:30 | 16:30 | Ouvert tous les jours |
| **La bibliothèque Atatürk de la Mairie de la Grand Métropole** (0212) 249 09 45 | En semaine 08:00-20:00 | Samedi 09:00 17:30 | Dimanche |
| **Le Musée de Caricature et d'Humour** (0212) 521 12 64 | 10:00 | 16:30 | Dimanche - Lundi |
| **Le Musée Atatürk** (0212) 233 47 23 | 09:00 | 16:00 | Dimanche - Lundi |
| **Le Musée de la Ville** (0212) 258 53 44 | 09:00 | 16:00 | Dimanche - Lundi |
| **Le Musée Sadberk Hanım** (0212) 242 38 13-14 | 10:00 | 17:00 | Mercredi |
| **Le Musée Rahmi M. Koç** (0212) 369 66 00-01-02 | En semaine 10:00 | 17:00 Le week-end 19:00 | Lundi |
| **L'Université Kadir Has – Le Musée Rezan Has** 0212) 533 65 32 | 09:00 | 19:00 | Ouvert tous les jours |
| **Le Musée de la Presse** (0212) 513 84 58 | 10:00 | 17:00 | Samedi - Dimanche |
| **Le Musée des Arts Modernes d'Istanbul** (0212) 334 73 00 | 10:00 | 18:00 | Lundi |
| **Le Musée Sakıp Sabancı de l'Université Sabancı** (0212) 277 22 00 | 10:00 | 18:00 | Lundi |
| **Le Musée des Produits Marins du Lycée Professionnel Anatolien Marin d'Istanbul** (0216) 331 01 14 | Fermé 3 -5 mois pour travaux de consolidation | | |
| **Le commandement du Musée Militaire et du Site Culturel** (0212) 233 27 20 | 09:00 | 17:00 | Lundi - Mardi |
| **Le Musée Naval** (0212) 327 43 45 | 09:00 | 17:00 | Lundi - Mardi |
| **Le Musée Péra de la Fondation Suna et Inan Kıraç** (0212) 334 99 00 | Mardi - Samedi 10:00-19:00 | Dimanche 12:00-18:00 | Lundi |
| **Le centre Historique et Culturel de l'Exploitation Maritime de Turquie** (0212) 251 22 81 | 10:00-12:00 Mardi - Jeudi - Samedi - Dimanche | 14:00-17:00 | |

# *Table des Matieres*



*Publié et distribué par :*
**NET TURİSTİK YAYINLAR SAN. VE TİC. A.Ş.**
web : www.netyayin.com.tr / e-mail : pazarlama@netyayin.com.tr
*Texte :* Uğur Ayyıldız
*Photographies :* Uğur Ayyıldız, Ömer Canbir, Shutter Stock, Sercan Alan et Güngör Özsoy
*Imprimé en Turquie par : Ömür Matbaacılık A.Ş.*
Tous droits réservés.
**ISBN 978-605-124-112-8**
*No de certificat 11257*
© 2012 Copyright Net Turistik Yayınlar San. ve Tic. A.Ş.